Jochen Brühl
mit Mirko Kussin

VOLLE TONNE, LEERE TELLER

Was sich ändern muss. Gespräche
über Armut, Verschwendung, Gerechtigkeit
und notwendiges Engagement

Mit Fotos von Reiner Pfisterer

JOCHEN BRÜHL

Mit einem Vorwort von Heribert Prantl

VOLLE TONNE, LEERE TELLER

WAS SICH ÄNDERN MUSS. GESPRÄCHE ÜBER ARMUT, VERSCHWENDUNG, GERECHTIGKEIT UND NOTWENDIGES ENGAGEMENT

adeo

»WIR WÄHLEN DIE HOFFNUNG STATT DER ANGST.
WIR SEHEN DIE ZUKUNFT NICHT ALS ETWAS AUSSERHALB
UNSERER MACHT, SONDERN ALS ETWAS, DAS WIR ZU
ETWAS BESSEREM FORMEN KÖNNEN, DURCH GEMEINSAME
UND GESAMMELTE ANSTRENGUNGEN.«

Barack Obama

Für meine Eltern &
meine (Klein- & Groß-)Familie,

Aloha,
e/motion,
Freundschaft &
die 4-er-Bande plus 2
und die unzähligen Menschen,
die Tafel-Arbeit
möglich, wertvoll
und einzigartig machen.

Danke!

INHALT

VORWORT

»Tafeln sind eine Anklage« – Heribert Prantl

Suppe wird dort nicht ausgeschenkt. Die Tafel ist keine Suppenküche im klassischen Sinn. Auf den Tischen liegen Sachen, die man gut mitnehmen kann: Brot, Obst, Gemüse, Wurst – Verderbliches oft, kurz vor dem Ablaufdatum gespendet. Marmelade, Schokolade, Tütensuppe. Die Tafeln sind Einkaufsorte, nein Ausgabestellen für Leute, die sich ein normales Einkaufen nicht leisten können. Dort finden sie Lebensmittel und oft auch Kleidung.

Wie nennt man Leute, die dort hingehen? »Kunden« klingt besser als »Arme«. Es gibt immer mehr Kunden an immer mehr Tafeln. An manchen Tafeln zahlt man einen Euro am Eingang, an anderen fünf. So einen Obolus finden fast alle gerecht, die da anstehen. Das hilft gegen das Gefühl, es würde einem alles geschenkt. Man nimmt, was man kriegt. Viele sagen, sie hätten nie gedacht, einmal »so was« in Anspruch nehmen zu müssen.

Die Tafeln gehören zu den erfolgreichsten Einrichtungen in Deutschland. Sie expandieren, weil Not und Bedürftigkeit in Deutschland expandieren. 940 Tafeln gibt es in Deutschland, dort versorgen eineinhalb Millionen Menschen sich und ihre Familienangehörigen. Die Tafeln bewirken, dass die Not in Deutschland nicht so laut schreit, wie sie das sonst täte. Die Tafeln breiten ein deutschlandgroßes Tischtuch über die Armut. Es wäre eine Katastrophe, wenn es diese gemeinnützige Einrichtung nicht mehr gäbe. Es ist aber auch eine Katastrophe, dass es sie geben muss. Tafeln dürfte es in einem der reichsten Länder der Erde eigentlich gar nicht geben.

ES WÄRE EINE KATASTROPHE,
WENN ES DIE TAFELN NICHT
MEHR GÄBE. ES IST ABER AUCH
EINE KATASTROPHE, DASS ES SIE
GEBEN MUSS. EIN STAAT, DER
TAUSEND TAFELN BRAUCHT, IST
KEIN GUTER SOZIALSTAAT.
Heribert Prantl

Was soll man von einem Sozialstaat halten, in dem Menschen ihrer Armut wegen öffentlich sichtbar Schlange stehen müssen für billige oder kostenlose Lebensmittel? Was soll man von einem Sozialstaat halten, der sich darauf verlässt, dass es Tafeln gibt, an denen den Bedürftigen eine Art Gnadenbrot serviert wird? Da stehen Obdachlose neben Leuten, die sich gerade noch die Miete leisten können; Rentnerinnen, die von der Rente nicht leben können, neben Flüchtlingen, die das Asylbewerberleistungsgesetz sehr knapp hält.

Die Tafel in Essen hat im Jahr 2018 eine Zeit lang die »Neuaufnahmen von Neukunden mit Migrationshintergrund« für drei Monate ausgesetzt. Natürlich konnte man die Verantwortlichen der Tafel, die das taten, heftig kritisieren. Natürlich war und ist es so, dass Bedürftigkeit keine Nationalität kennt. Die Essener Tafel hatte festgestellt, dass ein Verdrängungswettbewerb stattfindet, dass immer mehr junge Flüchtlinge kamen und immer weniger alte Leute; und es gab nicht mehr die Kapazitäten, alle Bedürftigen bedienen zu können. Die alten Leute kamen nicht mehr, weil sie sich zurückgedrängt fühlten und auch zurückgedrängt wurden.

Sollte man sie zu bekehren versuchen? Soll man der alten Frau sagen, dass sie sich nicht fürchten muss vor dem jungen Flüchtling? Soll man dem Arbeitslosen sagen, dass er sich nicht genieren muss, neben dem Obdachlosen zu stehen? Es ist problematisch, Toleranz und Souveränität ausgerechnet von denen zu verlangen, die um ihre Würde, um einen Rest von Würde kämpfen müssen.

Das Problem besteht nicht nur darin, dass die Tafel in Essen auf anfechtbare Weise den großen Andrang zu sortieren versuchte. Das Problem besteht darin, dass die Tafeln per se einen Zustand der staatlichen Unterversorgung perpetuieren und einer Gesellschaft, die massenhaft Lebensmittel wegwirft, ein gutes Gewissen verschafft; der Staat sieht zu, wie sich die Armen und Bedürftigen an den Tafeln drängen – und diese Tafeln müssen dann die Konkurrenz der Bedürftigen ausbaden.

Tafeln dürfte es in einem der reichsten Länder der Erde eigentlich gar nicht geben. Die vielen Tafeln zeigen, dass die Not zurückgekehrt ist in ein reiches Land. Natürlich ist diese Not eine andere Not als die in Kalkutta. Die Armen in Deutschland sind relativ arm – sie sind arm dran. Armut in Deutschland hat viele Gesichter: Da ist der wegrationalisierte Facharbeiter, da ist die alleinerziehende Mutter, die den Sprung ins Berufsleben nicht mehr schafft; da sind Familien mit Kindern, Migranten, Niedriglöhner, Langzeitarbeitslose, Ein-Euro-Jobber und Rentner. All diese relativ Armen haben wenig gemeinsam, es verbindet sie nur Hartz-IV. Die Hartz-Gesetze sind der große Hobel der deutschen Gesellschaft. All die relativ Armen, ob sie arbeiten oder nicht, verbindet das Faktum, dass ihnen das Geld zum Leben nicht reicht. Sie stehen für billige, ansonsten unverkäufliche Lebensmittel an.

Die Nutzer der Tafeln sind keine Randgruppe, weil eineinhalb Millionen Menschen keine Randgruppe sind. Das »Gesetz über die Grundsicherung von Arbeitssuchenden« (so heißt das Hartz-IV-Gesetz im Wortlaut) hat der deutschen Gesellschaft die Grundsicherheit genommen, die Sicherheit darüber, dass es in Deutschland eine ausreichende soziale

Basis-Sicherung gibt. Hartz-IV war und ist die Chiffre dafür, dass das Sichere nicht sicher ist. Und die Tafeln sind der Beleg: Ihre Zahl hat sich seit Einführung der Hartz-Gesetze vervielfacht. Wenn man von den Erfolgen der Agenda-Gesetze redet, gehört das auch dazu. An den Tafeln kann man studieren, wie sich die Ungleichheit der Gesellschaft verändert. Nicht nur Arbeitslose kommen da hin, sondern auch Leute, die von ihrer Arbeit nicht leben können. Die Spaltungslinien der Gesellschaft verlaufen nicht mehr nur zwischen arbeitenden und arbeitslosen Menschen. Sie verlaufen kreuz und quer. Auf diesem Kreuz-und-Quer stehen die Tafeln.

Die Tafel-Bewegung ist derzeit eine der größten Bürgerbewegungen der Bundesrepublik. Mehr als 60.000 Menschen arbeiten ehrenamtlich dafür, dass Bedürftige ihr täglich Brot bekommen. Sie sammeln die Lebensmittel, die sonst als Biomüll entsorgt werden müssten. Davon profitieren die Bedürftigen und die Spender. Erstere haben was zu essen, Letztere ersparen sich Entsorgungskosten (zum Teil werden diese an die Tafeln weitergegeben, weil letztlich doch einiges im Müll landet). Und der Staat erspart sich ein Sozialsystem, das den Bedürftigen wirklich das gibt, was sie brauchen.

Tafeln sind etwas Wunderbares, weil sie Pragmatismus mit Wohltätigkeit verbinden, weil die Idee, die hinter den Tafeln steckt, so verblüffend einfach ist. Aber: Soll man wirklich als Großtat der Bürgergesellschaft feiern, was eigentlich ein Armutszeugnis ist?

Tafeln sind ein Notbehelf, sie bieten Almosen, sie liefern die Krümel vom Überfluss, sie sind Gnadenbrot. Aber sie sind keine geeignete Antwort auf Not und Armut in einer reichen Gesellschaft – sondern eine Anklage. Wenn der Staat sich auf die Tafeln verlässt, verstößt er gegen seine soziale Fürsorgepflicht. Vielleicht sollten die Wohlfahrtsverbände, die die Tafeln organisieren, einmal streiken. Armutsbekämpfung verlangt mehr als Barmherzigkeit. Ein Staat, der tausend Tafeln braucht, ist kein guter Sozialstaat. Aber die zigtausend Menschen, die diese Tafeln aufstellen, tun ein gutes Werk. Es gibt nichts Gutes, außer man tut es.

DIE TAFELN

Größter Lebensmittelretter Deutschlands und sozial-ökologische Ehrenamtsbewegung

Die Tafeln sind Lebensmittelretter: Bis zu 18 Millionen Tonnen Lebensmittel werden in Deutschland jedes Jahr vernichtet. Die Tafeln kämpfen seit über 25 Jahren dagegen. Sie sind der größte und älteste Lebensmittelretter Deutschlands. Jeden Tag sammeln die über 940 Tafeln bei Supermärkten, Bäckereien, Großmärkten und Herstellern im ganzen Land viele Tonnen noch genießbare Lebensmittel ein, die sonst im Müll gelandet wären. Über 260.000 Tonnen Lebensmittel haben die Tafeln im Jahr 2018 gerettet und leisten damit aktiven Klimaschutz.

Die Tafeln sind Brückenbauer: Während die Lebensmittel auf der einen Seite im Überfluss vorhanden sind, haben nahezu 15 Millionen Menschen in ihrem Alltag nicht genug davon. Deshalb verteilen die Tafeln die geretteten Lebensmittel in über 2.000 Ausgabestellen bundesweit an Menschen, die arm oder in Notsituationen geraten sind – kostenlos oder zu einem kleinen symbolischen Beitrag. Die Tafeln unterstützen auf diese Weise jedes Jahr 1,5 Millionen Menschen. Bis heute ist diese Idee einzigartig in Deutschland und hat viele Unterstützerinnen und Unterstützer, Helferinnen und Helfer gefunden. Die Tafeln sind eine der größten sozial-ökologischen Bewegungen Deutschlands.

Die Tafeln sind Begegnungsorte: Durch die Möglichkeit, beim Einkauf zu sparen, verschaffen die Tafeln ihren Nutzerinnen und Nutzern kleine finanzielle Spielräume. Genauso wichtig: Die ehrenamtlichen Helferinnen und Helfer bei den Tafeln hören zu und vernetzen Menschen miteinander. Hier können sich Menschen treffen und unterhalten, die sich einen Besuch im Café nicht leisten können oder einsam sind. Und bei den Tafeln kommen Leute miteinander in Kontakt, die sich sonst kaum begegnen würden: Die ehrenamtliche Rechtsanwältin trifft auf eine alleinerziehende Mutter, der Langzeitarbeitslose auf einen Flüchtling aus Syrien. Das baut Vorurteile ab und hilft, Verständnis füreinander zu entwickeln.

Die Tafeln sind Lebenshilfe: Viele Tafeln tun darüber hinaus noch mehr und haben entsprechend der Bedarfe ihrer Nutzerinnen und Nutzer Projekte entwickelt, die dabei unterstützen sollen, ein selbstbestimmtes Leben zu führen und wieder einen Platz in der Gesellschaft zu finden. Das können Kochkurse für Kinder sein, Kultur- und Integrationsprojekte oder aber ein Bringdienst für ältere Menschen, die nicht mehr mobil sind.

Die Tafeln sind Ehrenamtsbewegung: Als spendenfinanzierte, gemeinnützige Organisationen sind die Tafeln auf Unterstützung angewiesen. Auf Geldspenden, Lebensmittel, Know-how und viele helfende Hände. 60.000 Frauen und Männer schenken den Tafeln ihre Zeit und leben Mitmenschlichkeit und Klimaschutz.

Sie möchten uns unterstützen? Verschenken Sie ein paar Stunden Ihrer Freizeit an die Tafel in Ihrer Stadt und retten Sie gemeinsam mit 60.000 Freiwilligen Lebensmittel vor der Tonne, um damit Menschen zu helfen. Denn das zum Leben Nötige an diejenigen zu verteilen, die von allem am wenigsten haben, ist immer noch die sinnvollste Lösung – das sagt sogar der Papst. Und wenn Sie keine Zeit übrig haben, freuen die Tafeln sich auch über jede kleine Geldspende, denn Lebensmittel retten sich nicht umsonst.

Die Tafel Deutschland ist der Dachverband der deutschen Tafeln.
Der gemeinnützige Verein vertritt die Interessen seiner Mitglieder gegenüber Politik, Wirtschaft und Gesellschaft und unterstützt mit praktischer Hilfe die Tafel-Arbeit vor Ort.

Weitere Infos gibt es auf www.tafel.de und www.facebook.com/DieTafeln/.

»WORUM ES GEHT? UM ALLES!«

JOCHEN BRÜHL

Mein Name ist Jochen Brühl, ich engagiere mich seit mehr als 20 Jahren bei der Tafel, in letzter Zeit als ihr Bundesvorsitzender. Fast jeder Deutsche kennt die Tafel, der Bekanntheitsgrad der Organisation ist mit Marken wie Coca Cola, Volkswagen oder der Tagesschau vergleichbar. Und wie bei allem hat natürlich auch zur Arbeit der Tafel jeder seine ganz eigene Meinung.

Manifestieren wir Armut? Machen wir sie sichtbar oder unterstützen wir sie gar? Entlassen wir den Staat aus seiner Verantwortung? Werden wir vielleicht sogar als Teil einer Armutsindustrie wahrgenommen? Oder ändert sich das Bild in Zeiten einer klimasensiblen jungen Generation, die bei den Fridays for Future lautstark ein Umdenken fordert und für die ein nachhaltigerer Umgang mit Ressourcen selbstverständlich ist? Sind wir hippe Lebensmittelretter oder biedere Armutsminderer? Was läuft in Deutschland eigentlich falsch, dass es die Tafeln überhaupt geben muss? Und was können wir konkret tun?

Was ich in all meinen Jahren in der Tafel-Arbeit gelernt habe: Tafeln sind nicht die Lösung für Armut oder Lebensmittelverschwendung. Sie lindern Probleme, sie bekämpfen die Folgen. Die Ursachen liegen aber ganz woanders – auch wenn sie durch die Arbeit der Tafeln immer wieder in die öffentliche Wahrnehmung geraten. Weil natürlich auch ich nicht alle Antworten auf die vielen Fragen habe, die es in diesem Zusammenhang gibt, habe ich mich für dieses Buch in die Bahn gesetzt und bin durchs Land gefahren. Nach Hamburg, nach Berlin, in den Osten der Republik und ins Ländle. Ich habe Ärzte, Unternehmer, Aussteiger, Millionenerben, bloggende Hartz-IV-Empfänger, Schauspieler, Sterneköche, Politiker, christliche Würdenträger und verurteilte Straftäter getroffen. Unterstützer unserer Arbeit ebenso wie Kritiker und andere Lebensmittelretter.

Alle hatten etwas zu sagen und ich habe genau zugehört. Nach 17 intensiven Gesprächen bin ich etwas schlauer. Meine wichtigste Erkenntnis: Unsere Zivilgesellschaft funktioniert noch immer gut. Ehrenamtliches Engagement ist fest im Alltag der Menschen verankert. Egal, ob im Fußballverein, in der Hospizbewegung, in der kirchlichen Gemeindearbeit, beim CVJM oder in sozialen Organisationen. Es gibt – Gott sei Dank – immer noch viele, viele Menschen, die bereit sind, sich für andere zu engagieren. Überall gibt es Orte, an denen sich Menschen aus unterschiedlichsten gesellschaftlichen Milieus treffen. Wo sonst kommt die Rechtsanwältin mit der alleinerziehenden Hartz-IV-Empfängerin ins Gespräch, die Cabrio fahrende IT-lerin mit dem Leergutsammler im Rentenalter? Organisationen wie die Tafeln bieten einen solchen Raum zur Begegnung.

Gleichzeitig müssen wir daran mitwirken, den Staat konsequent auf seine oftmals unzureichenden Rahmenbedingungen aufmerksam zu machen – um mit den notwendigen Veränderungen die »Abhängten« wieder in die Mitte der Gesellschaft zu holen, so schwierig es auch sein mag.

Jede einzelne Begegnung fördert dabei eine elementare Erkenntnis zutage: Wir müssen endlich nachhaltiger mit unseren Ressourcen umgehen. Und da Lebensmittel eine Ressource sind, von der jeder von uns tagtäglich lebt, sind in diesem Buch neben den Worten auch ganz konkrete Handlungsaufforderungen zu finden, mit denen sich Lebensmittelverschwendung reduzieren lässt. Denn Fakt ist: Wir leben in einer Gesellschaft, in der die Mülltonnen immer voller werden und dennoch viele Teller leer bleiben. Jeder von uns ist Teil dieser Gesellschaft und wenn wir auf sie schimpfen, kritisieren wir uns auch immer ein wenig selbst.

Wer um 22:00 Uhr noch frische Brötchen kaufen möchte, Erdbeeren im Februar genießen will und jeden Salat liegen lässt, der ein welkes Blatt vorweist, darf sich nicht beschweren, dass Unmengen von Nahrungsmitteln aussortiert werden. Und wer mit lauter Stimme nach politischen Lösungen wie etwa einem Lebensmittelgesetz ruft, vergisst, dass rund die

Hälfte der 18 Millionen Tonnen verschwendeter Lebensmittel pro Jahr in Privathaushalten anfällt. Fingerpointing bringt uns aber nicht weiter, sondern Veränderungen können nur gelingen, wenn alle Akteure gemeinsam an einem Strang ziehen.

Dass so etwas funktionieren kann, zeigen zum Beispiel die 60.000 ehrenamtlichen Helferinnen und Helfer, die sich in insgesamt 940 – sehr unterschiedlichen – Tafeln um 1,5 Millionen Bedürftige kümmern. Ihnen gebührt unser aller Dank, denn sie leisten täglich Großartiges. Sie verteilen Lebensmittel, die an anderer Stelle aussortiert wurden. Doch wir alle dürfen uns auf diesem zivilgesellschaftlichen Engagement nicht ausruhen. In einer immer komplexer werdenden Welt tun sich tiefe Gräben auf. Die Schere zwischen Arm und Reich wird immer größer, die Schere zwischen Bildungsbürgertum und bildungsfernen Schichten ebenso.

Gute Zeiten für Rattenfänger, die mit scheinbar einfachen Lösungen daherkommen; die Abgrenzung propagieren und die Welt in Freund und Feind einteilen. Wir müssen wegkommen von diesem Schwarz-Weiß-Denken, zumal wir durch Globalisierung, Digitalisierung, Klimawandel oder verlängerte Lebensarbeitszeit vor riesigen Herausforderungen stehen. Und ja, wir müssen die Politik hierbei mehr in Verantwortlichkeit nehmen, aber immer auch selbst unseren Teil beitragen, damit unsere Gesellschaft und auch die globale Welt eine Zukunft haben.

Dieses Buch soll helfen – nicht nur mit der Spende, die von jedem verkauften Exemplar an die Tafeln geht, sondern auch durch jede Menge Denkanstöße und ganz verschiedene Sichtweisen dazu beitragen –, Lösungen zu finden.

Es bleibt viel zu tun. Hände, die zupacken, haben wir nie genug, und jede geleistete Stunde hilft uns dabei, Lebensmittel zu retten, nachhaltiger mit den begrenzten Ressourcen auf diesem Planeten umzugehen und den Alltag von bedürftigen Menschen etwas einfacher zu gestalten.

In diesem Sinne: Packen wir es gemeinsam an!

»LEBENSMITTEL RETTEN IST EINE HERZENS-ANGELEGENHEIT«

SABINE WERTH

Berlin, Anfang Januar. Es regnet, die Stadt ist grau und der Taxifahrer schimpft, dass jetzt, nach dem Weihnachts- und Silvestertrubel, alles nur noch langweilig vor sich hin dümpelt. Jahresanfangsmelancholie.

Kurze Zeit später stehe ich auf dem Gelände des Berliner Großmarktes. Hier beginne ich heute eine Reise, die mich in den nächsten Wochen zu ganz unterschiedlichen Menschen führen wird. Prominente und weniger Prominente, Politiker, Kritiker, Unterstützer und Kunden der Tafeln. Wir werden uns über Lebensmittelverschwendung, Armut, Ehrenamt und Öffentlichkeit unterhalten. Über die Frage, warum ein reiches Land wie Deutschland überhaupt Tafeln braucht. Was schiefläuft, wo wir Veränderung bewirken können und was jeder Einzelne tun kann, um die Missstände umzudrehen. Denn wir wissen auch: Eigentlich ist genug für alle da.

Auf dem Großmarkt liegt die Geschäftsstelle der Berliner Tafel. Ein unscheinbares Gebäude, Zweckarchitektur. Doch die Flotte der geparkten Transporter und LKW mit Tafel-Logo davor ist umso beeindruckender. Meine erste Gesprächspartnerin ist Sabine Werth. Sie ist keine Außenstehende, ganz im Gegenteil: Mit ihr begann die Tafelbewegung in Deutschland. Vor mehr als 25 Jahren gründete sie die erste Tafel und ist seitdem aktiv dabei. Wo, wenn nicht hier, muss dieses Buch beginnen? Wer, wenn nicht sie, könnte besser über Herausforderungen, Veränderungen und Niederlagen berichten?

Es muss hier beginnen. Denn hier begann alles.

Anfang der 1990er-Jahre war Sabine Werth Mitglied der »Initiativgruppe Berliner Frauen«, ein Verein, der in Hotels und Gaststätten Lebensmittelspenden für Obdachlose sammelte. Hilfe vor Ort, direkt und nah bei den Menschen. Heute sitzen wir in einem Seminarraum der Geschäftsstelle und aus diesem lokalen Hilfsprojekt ist eine der größten und erfolgreichsten sozialen Bewegungen entstanden. Deutschlandweit gibt es mehr als 940 Tafeln, 60.000 Menschen engagieren sich tagtäglich ehrenamtlich, um Lebensmittel zu retten und Armut zu lindern.

WIR HABEN DEN UNTERNEHMEN DURCH UNSERE ARBEIT KLARGEMACHT, DASS SIE EINE UNTERNEHMENSFEINDLICHE POLITIK BETREIBEN.

Sabine Werth

Doch am Anfang musste sich Sabine Werth durchsetzen, gegen den Widerstand und das Unverständnis der Kohl-Regierung, in der es hieß, es gäbe gar keine Armut in Deutschland, unser Sozialsystem würde das alles regeln. Sabine Werth lacht: »Heute würde sich niemand mehr trauen, eine solche Aussage zu machen. Die Politik sieht Armut mit anderen Augen, und das ist auch der Verdienst der Tafeln.« Zu Recht schwingt in ihrer Antwort ein wenig Stolz mit, immerhin retten die Tafeln inzwischen rund 260.000 Tonnen Lebensmittel im Jahr. Das ist viel, aber die traurige Wahrheit ist: Von allen zu viel produzierten und überschüssigen Lebensmitteln in Europa können die Tafeln und andere Foodbanks gerade einmal 1% retten. Wie kommt das, und was können wir tun, um diese Zahl weiter zu erhöhen?

»Wir haben den Unternehmen durch unsere Arbeit klargemacht, dass sie eine unternehmensfeindliche Politik betreiben«, sagt Sabine Werth. »Sie haben durch die Masse an gespendeten Lebensmitteln gemerkt, dass sie wirtschaftliche Fehler machen und falsch disponieren oder produzieren. Die Spenden an uns sind ein Verlustgeschäft für Unternehmen. Und der Handel lernt daraus. Langfristig bekommen wir also immer weniger Ware hier in Deutschland. Und an die europäische Ware kommen wir gar nicht ran. Die wird eher untergepflügt oder flutet den afrikanischen Markt. Eine gesetzliche Abgabeverordnung würde sicherlich nicht schaden. Es gibt nach wie vor Schwachstellen im System und diese Schwachstellen könnte solch ein Gesetz beseitigen.«

Der Vorschlag eines Gesetzes, das den Handel dazu verpflichtet, unverkäufliche Ware an soziale Einrichtungen zu spenden, geistert seit einiger Zeit durch die Öffentlichkeit. Nicht zuletzt, weil einige unserer europäischen Nachbarn solche Regelungen bereits umgesetzt haben. Aber dürfen die Tafeln als eine vor allem ehrenamtliche Bewegung, die bisher nicht institutionell vom Staat gefördert wird, wirklich die ausführende Hand gesetzlicher Vorgaben sein? Machen sie sich damit nicht abhängig? Und ist so ein Gesetz nicht zu kurz gedacht, wenn die, die Lebensmittel retten, dafür auch noch die dafür notwendigen finanziellen Mittel selbst beschaffen sollen? Die Tafelbewegung steht ja lediglich am Ende einer langen Wertschöpfungskette.

Müssen nicht auch wir Verbraucher endlich umdenken? Warum müssen Supermärkte bis 22:00 Uhr geöffnet haben? Und warum erwarten wir, dass es um 21:45 Uhr noch frische Brötchen gibt? Welche Macht hätten wir Verbraucherinnen, wenn es uns ernst wäre mit dem Schutz von Ressourcen? Für mich wäre eine gesetzliche Abgabenverordnung in der Form, wie sie manche derzeit protegieren, eher eine Art Pflästerchen, die vieles und viele aus der Pflicht nehmen würde. Und ich will nicht, dass Politik und Gesellschaft so leicht aus ihrer Verantwortung kommen. Es braucht vielmehr nachhaltige und tragfähige Lösungen, die die ganze Wertschöpfungskette umfassen und dann am Ende auch die unterstützen, die sich gegen Verschwendung einsetzen und bestehende Ressourcen nutzen.

Sabine Werth sieht das pragmatisch anders und gibt sich kämpferisch: »In solch einem Abgabegesetz stünde im Zweifelsfall nicht die Tafel als Empfänger, sondern irgendeine soziale Einrichtung. Wenn wir – aus welchen Gründen auch immer – nicht kooperieren wollten, würden die Lebensmittel an andere Einrichtungen gehen. Darin sähe ich erst einmal noch keine Verpflichtung der Politik gegenüber.«

BEREITS BEI DER PRODUKTION MUSS GEGEN DIE VERSCHWENDUNG ANGEKÄMPFT WERDEN. WARUM MÜSSEN LANDMASCHINEN SO EINGESTELLT WERDEN, DASS KLEINE KARTOFFELN DIREKT AUF DEM ACKER BLEIBEN?
Sabine Werth

Aber auch ihr ist klar, dass der Handel nicht allein Schuld hat an Containern voller weggeworfener Lebensmittel. »Bereits bei der Produktion muss gegen die Verschwendung angekämpft werden. Wenn Landmaschinen so eingestellt werden, dass kleine Kartoffeln direkt auf dem Acker bleiben, dann ist das ein riesiges Problem.« Eine direkte staatliche Förderung in Form von finanziellen Mitteln lehnt die 62-Jährige hingegen ab: »Wir wären nicht mehr frei in unserer Arbeit. Wenn wir für unsere originäre Tafel-Arbeit Geld bekommen würden, dann müssten wir etwas leisten. Wir stünden in der Pflicht der Politik. Müssten dokumentieren, müssten nachweisen, müssten gegebenenfalls Lebensmittel vorhalten, damit wir unseren Auftrag erfüllen können. Ich will lieber als Mahnerin auftreten.«

Diese Freiheit der Tafeln existiert nicht nur in ihrem Verhältnis zu Politik oder Gesellschaft. Auch innerhalb des Verbandes agieren die einzelnen Tafeln sehr autonom, individuell und durchaus kontrovers, wie man an diskutierten Entscheidungen örtlicher Tafeln immer wieder ablesen kann. Tafel-Arbeit ist vielfältig, unterschiedlich und in Form und Inhalt immer auch ambivalent. Das lässt viele Gestaltungsräume für die Arbeit vor Ort, führt allerdings auch dazu, dass die Organisation sehr heterogen und komplex ist. Große und kleine Tafeln, die Arbeit in bevölkerungsdichten Gebieten oder Flächenländern, arme und reiche Bundesländer, viele und wenige Ehrenamtliche – das sind besondere, immer auch örtlich bedingte Herausforderungen der täglichen Arbeit. In einzelnen Bundesländern gibt es zudem schon jetzt kommunale Träger, die die Miete für Räumlichkeiten der Tafeln übernehmen und somit konkret unterstützen.

Ähnlich vielfältig ist der Umgang mit großen Konzernen. Kritikerinnen werfen den Tafeln vor, dass sie mit den vermeintlichen Mitverursachern der Misere, also Handelsunternehmen vor allem aus dem Lebensmittelbereich, kooperieren. Und zwar nicht nur in der Form, dass Lebensmittelspenden gesammelt werden, sondern auch Geld- und Sachspenden angenommen werden. Ist das eine paradoxe Form des sozialen »Greenwashings«, wie Kritiker es beschreiben, oder doch ernsthaftes gesellschaftliches Interesse? Oder erhöhen Tafeln mit ihren Möglichkeiten, ihrer öffentlichen Wahrnehmung, ihrem Handeln gegebenenfalls sogar den Druck auf die Unternehmen, aus ökologischen und/oder wirtschaftlichen Gründen Überschüsse weiter zu reduzieren? Können wir guten Gewissens mitmachen, wenn einzelne Konzerne, die in der Öffentlichkeit durchaus kritisch gesehen werden, ihre Tafel-Unterstützung werbewirksam darstellen würden? Wer soll mittelfristig die Kosten eines solchen bürgerschaftlichen Engagements tragen, das sich mit einem so sensiblen und kostenintensiven Thema wie Lebensmittelrettung befasst? Muss Unterstützung nicht doch auf andere, mehrere Schultern verteilt werden und trotzdem auch immer aus dem Bereich Lebensmittelhandel kommen? Fragen über Fragen ...

WENN WIR UNS AUF DIE FÖRDERUNG SEITENS DER POLITIK BESCHRÄNKEN, MACHEN WIR UNS ABHÄNGIG VON WECHSELNDEN MEHRHEITEN. DESHALB SIND GROSSSPENDEN VON UNTERNEHMEN SO WICHTIG.

Sabine Werth

Die Antwort der Berliner Vorsitzenden kommt prompt. Sie kennt diese Argumentation aus unzähligen Diskussionsrunden, Podien und Konferenzen, auf denen sie die Arbeit der Tafeln vorstellte. »Ja, natürlich ist es ein Stück weit paradox. Aber wenn wir uns ausschließlich auf die Förderung seitens der Politik beschränken, machen wir uns abhängig, weil wechselnde politische Mehrheiten immer wieder zu Finanzierungslücken führen können. Genau das ist vor nicht allzu langer Zeit bei einer Tafel im Osten passiert. Deshalb sind Großspenden von Unternehmen so wichtig. Für die Unternehmen ist das natürlich eine Form des Greenwashings, aber solange wir so viele Vorteile davon haben, kann ich das ausblenden.« Gleichzeitig betont sie, dass der Verband weiterhin in der Bevölkerung etabliert sein muss, und setzt auf die breite Unterstützung von Klein- und Kleinstspendern, die 2,75 oder 10 Euro geben. Wenn viele Menschen nur wenig geben, summiert sich das am Ende des Jahres zu einer gewaltigen Summe.

Ich komme noch einmal auf die Politik zu sprechen. Es gibt kritische Stimmen, die sagen, dass wir uns als Tafeln zwar engagieren, aber nicht politisch und gesellschaftlich positionieren sollten. Andere wiederum werfen den Tafeln vor, dass sie mit ihrer Arbeit den Staat von seiner Verantwortung entbinden. Ich bin anderer Meinung und denke, dass wir uns auf jeden Fall gesellschaftspolitisch einbringen und Themen wie Armut, Lebensmittelverschwendung und Ehrenamt in die Öffentlichkeit tragen müssen. Gleichzeitig wehre ich mich gegen die strikte Trennung der Begriffe »die Wirtschaft«, »die Politik« und »der Staat«. Dies sind ja keine voneinander losgelösten Gruppen. Sie sind Teil der Gesellschaft, in der wir alle leben – von der wir leben.

ALS EHRENAMTLICHE SIND WIR NIEMANDEM VERPFLICHTET. DENNOCH WÄRE ES STRÄFLICH, WENN WIR UNS NICHT ZU POLITISCHEN UND GESELLSCHAFTLICHEN THEMEN ÄUSSERN WÜRDEN.
Sabine Werth

»Wir machen das hier in Berlin alles ehrenamtlich«, sagt Sabine Werth, die genau für dieses ehrenamtliche Engagement 2003 mit dem Bundesverdienstkreuz am Bande ausgezeichnet wurde. »Und als Ehrenamtliche dürfen wir alles machen und sind niemandem verpflichtet. Aber so groß, wie wir inzwischen geworden sind, wäre es sträflich, wenn wir uns nicht immer wieder zu politischen und gesellschaftlichen Themen äußern würden.«

Auf die häufig vorgetragene Kritik, die Tafeln würden staatliche Aufgaben übernehmen und die Armut im Land verwalten, reagiert sie inzwischen etwas resigniert. Oder gelangweilt. »Ich verstehe die Tafeln als einen Finger in der Wunde. Das sage ich seit fünfundzwanzig Jahren. Wir weisen auf Notwendigkeiten hin. Wir zeigen, wo gehandelt werden muss. Natürlich beseitigen wir keine Armut. Dafür sind wir auch nicht angetreten. Wir lindern Armut. Und selbst das nicht umfassend. In Berlin haben wir 750.000 Bedürftige. Über unsere Ausgabestellen erreichen wir lediglich 50.000 Menschen. Das ist nur ein Bruchteil. Die Mehrheit kommt gar nicht zur Tafel.«

Bei solch einer großen Zahl an Bedürftigen stellt sich natürlich die Frage, an welcher Stelle im Sozialsystem es hakt. Sehr häufig wird die Hartz-IV-Reform unter dem SPD-Kanzler Gerhard Schröder als Ursprung allen Übels genannt. Bis heute hadern die Sozialdemokraten mit dieser Reform. Ich möchte von Sabine Werth wissen, was sie den politischen Entscheidern ins Stammbuch schreiben würde.

»Ich denke, die Politik muss verstärkt ihre eigenen Hausaufgaben machen und sich um die Sachen kümmern, für die sie zuständig sind. Die Tafeln haben eine Nähe zur Politik, und mir gefällt es, wenn Politiker die Arbeit wertschätzen, die wir leisten. Aber sie dürfen nicht vergessen, dass sie selbst etwas tun müssen. Frau Nahles in der Arbeitsmarktpolitik, Frau Giffey in der Familienpolitik. Statt sich in parteipolitischen Grabenkämpfen zu verlieren, sollten sie mal schauen, was sie eigentlich für einen Auftrag von den Wählern bekommen haben.«

An der Arbeitsmarktreform lässt sie erwartungsgemäß kaum ein gutes Haar: »Mit der Einführung von Hartz-IV haben sich alle sozialen Themen polarisiert und wir haben seitdem ganz andere Diskussionen. Vor der Einführung hatten die Menschen noch die Vorstellung, dass es so etwas wie eine soziale Hängematte gibt. Dass das Sozialsystem funktioniert. Danach hatten aber viele das Gefühl, dass sie durch die Maschen dieser Hängematte gefallen sind. Das Gefühl der Sicherheit ging verloren. Heute ist ein Mensch ab einem bestimmten Zeitpunkt Hartz-IV-Empfänger. Und Hartz-IV ist unterste Schicht. Das muss auf jeden Fall modifiziert werden. Als Allererstes müsste der Name weg, selbst wenn das System bliebe. Das hat inzwischen einen falschen Klang.«

ICH VERSTEHE DIE TAFELN ALS EINEN FINGER IN DER WUNDE. WIR WEISEN AUF NOTWENDIGKEITEN HIN. NATÜRLICH BESEITIGEN WIR KEINE ARMUT. WIR LINDERN ARMUT.

Sabine Werth

Man hört einen gewissen Zorn in der Antwort der studierten Sozialpädagogin. Und Zorn ist manchmal nicht die schlechteste Motivation, um Dinge zu verändern und die Welt ein wenig besser zu gestalten. Doch seit einiger Zeit habe ich das Gefühl, dass Zorn und Empörung vielfach zum bloßen Selbstzweck verkommen. Auf das Anprangern von Missständen folgt nur selten eine Verhaltensänderung oder der Wunsch nach konstruktivem Dialog. Beim heutigen Blick in Zeitung und soziale Medien hatte ich wieder mal das Gefühl, dass alles in diesem Land schlecht ist: Die Bahn, die Flughäfen, die Dieselautos beweisen es doch. Es ist offenbar schlecht bestellt um dieses Deutschland. Und es sind immer die anderen, die schuld sind.

Dabei verlieren wir mehr und mehr den Blick für die guten Dinge in unserer Gesellschaft. Man könnte manchmal meinen, es grenze fast an ein Wunder, dass wir noch Licht und fließendes Wasser haben. Sogar Menschen, die sich für gute Dinge engagieren wollen, werden beschimpft oder

für ihr Engagement kritisiert, wie die jungen Menschen, die sich für das Klima einsetzen.

Ich nenne dieses Jammern und Nörgeln gern »Entrüstungspopulismus«. Gefühlt klagt jeder immer irgendetwas an, und politische Entscheiderinnen oder solche, die es gerne werden wollen, stimmen oft genug aus wahltaktischen Gründen in diesen Chor mit ein. Dabei leben wir in einem »gesegneten« Land, das sich zwar nicht auf Erreichtem ausruhen darf, aber gleichzeitig auch wieder neu wahrnehmen muss, was es hat. Die 60.000 Ehrenamtlichen der Tafeln sind beispielsweise nur ein Bruchteil einer unfassbar großen Menge von Menschen, die sich in Sportvereinen, kirchlichen Gemeinden, bei der freiwilligen Feuerwehr, im Hospiz oder Stadtteilinitiativen engagieren und unsere Gesellschaft unschätzbar bereichern. Würdigen wir so etwas doch endlich!

Sabine Werth lacht: »Entrüstungspopulismus gefällt mir gut.« Sie schlägt eine Brücke von der Wut hin zum wachsenden Populismus in der Welt. »Ich empfinde das ganz genauso und habe manchmal das Gefühl, dass sich alle über alles empören. Da wird eine Welle losgetreten, auf der dann alle mitschwimmen. Und das sehe ich als großes Problem. Wir haben eine aufblühende AfD, die in Brandenburg bei der Wahl im Mai 2019 als stärkste Partei das Rennen machen könnte. Wir haben in ganz Europa, in der ganzen Welt einen extremen Rechtsruck. Wenn ich nach Nordkorea und Russland schaue, in die USA und in die Türkei, da wird mir schlecht. Und gleichzeitig haben wir hier im Land eine Bevölkerung, die zunehmend unzufrieden ist und empfänglich für jeglichen Populismus wird. Es ist ja nicht nur ein Schlechtreden, es ist einfach auch jede Menge Dummschwätzerei dabei. Das geht mir auf die Nerven und ich versuche zumindest in meinem direkten Umfeld etwas dagegenzusteuern.«

Allein in Berlin gibt es 45 Ausgabestellen, berichtet die Vorsitzende. Und ebenso vielfältig wie die Kundschaft sind auch die Ehrenamtlichen. »Wenn ich höre, was dort teilweise von sich gegeben wird, das ist Pegida in Reinkultur«, sagt Sabine Werth. Doch Schwarz-Weiß-Denken hilft in solchen Fällen nicht weiter. Es geht immer nur im Dialog. »Wir stehen natürlich im direkten Kontakt mit den Stellen vor Ort und versuchen, andere Umgangsformen zu etablieren.«

Was Sabine Werth sagt, passt in mein eigenes Bild der Tafeln. Sie sind nicht nur Lebensmittelretterinnen und Armutslinderer, sie sind auch Orte der Begegnung. Hier trifft die Lehrerin auf die Sozialhilfeempfängerin und der pensionierte Beamte vom Oberlandesgericht auf den geflüchteten Syrer. Und manchmal eben auch der Wutbürger auf den Refugees-Welcome-Aktivisten. Man redet heute ja oft von Filterblasen, in denen sich die Menschen befinden und die sie vor scheinbar falschen Meinungen von außerhalb schützen. Ist es nicht eigentlich toll, weil man im Dialog bleibt? Meiner Meinung nach bräuchte es wieder mehr Orte außerhalb des Internets, an denen die Meinungen aufeinandertreffen!

EINE ÄLTERE DAME KOMMT UM 14:00 UHR IN DIE AUSGABESTELLE UND SAGT ZU MIR: »SIE SIND DER ERSTE MENSCH, MIT DEM ICH HEUTE REDE.«
Sabine Werth

»Das war immer eines meiner wichtigsten Argumente für uns Tafeln«, findet auch Sabine Werth. »Dort treten alle Schichten miteinander in Kontakt. In den Ausgabestellen ist es sicherlich immer noch so. Aber wir sind von der Organisationsstruktur her größer geworden und da fehlt uns manchmal der direkte Kontakt. Dabei ist genau dieses Miteinander so wichtig für die Menschen. Ich habe selbst erst kürzlich erlebt, dass eine ältere Dame um 14:00 Uhr in die Ausgabestelle kommt, sich registrieren lässt und zu mir sagt: ›Sie sind der erste Mensch, mit dem ich heute rede.‹ Das ist doch bezeichnend«, erzählt die 62-Jährige, nicht ohne direkt den Bogen zur Arbeit der Politik zu schlagen: »Im Kern ist es aber ein gesamtgesellschaftliches Problem, weil durch die Kürzungs- und Streichungspolitik viel verloren geht. Wenn reihenweise Kinder- und Jugendeinrichtungen geschlossen werden, dann müssen wir uns doch nicht wundern, wenn es immer mehr Gangs gibt.«

Unsere Gesprächszeit neigt sich dem Ende zu, ein weiterer Termin ruft. Die Berliner Vorsitzende ist auch nach 25 Jahren Tafel-Arbeit eine gefragte Person. Ich möchte wissen, was sie gern noch erreichen würde. Was die Frau antwortet, die eine der größten sozialen Bewegungen ins Leben gerufen hat, wenn man sie nach ihren drei Wünschen fragt.

Ihre Antwort fällt knapp aus. Aber präzise. Und stellt gleichzeitig eine große Vision dar: »Drei Wünsche? Ganz klar. Erstens: Abschaffung des Mindesthaltbarkeitsdatums. Zweitens: Rentenpunkte für alle Ehrenamtlichen. Drittens: eine weltweit bessere Umverteilung von Lebensmitteln.« Und sie ergänzt: »Also, wenn ich es bis zu meinem Sterbebett schaffen sollte, die Würdigung und Anerkennung von Ehrenamtlichen in Form von Rentenpunkten durchzusetzen, das würde mich lächeln lassen. Das ist mir wirklich eine Herzensangelegenheit.«

MACHBAR:

Mindesthaltbarkeit ist kein Verfallsdatum

Das Mindesthaltbarkeitsdatum wurde erst Ende 1981 eingeführt. Kaum zu glauben, dass die Menschheit jahrhundertelang ohne dieses MHD überleben konnte. Mit dem MHD geben die Hersteller an, bis zu welchem Datum ein Produkt auf jeden Fall ohne Qualitätseinbußen und ohne Geschmacksveränderungen zu konsumieren ist. Es ist kein Verfalls- oder Ablaufdatum. Je nachdem, um welche Lebensmittel es sich handelt, sind sie in den meisten Fällen auch viele Tage, Wochen oder sogar Monate nach Erreichen des MHD problemlos zu verzehren. Ein Plakat zum Aufhängen in der Küche mit einer Übersicht, wie lange genau welche Nahrungsmittel nach dem MHD konsumiert werden können, finden Sie unter: https://www.tafel.de/themen/nachhaltigkeit/mhd/.

»UNTERNEHMEN MÜSSEN IHRE VERANTWORTUNG WAHRNEHMEN«

JÜRGEN KISSEBERTH

Über Neckarsulm müsste man eigentlich keine großen Worte verlieren. Ein Städtchen mit 26.000 Einwohnern, direkt neben Heilbronn in Baden-Württemberg gelegen und umgeben von Weinbergen. Aber Neckarsulm ist auch ein Wirtschaftsstandort. Audi baut hier in einem Werk eine ganze Palette seiner Modelle und beschäftigt gut 14.000 Mitarbeiter. Zahlreiche Zulieferer in der Umgebung leben von dem Autobauer.

Der zweite wirtschaftliche Platzhirsch in Neckarsulm ist die Schwarz-Gruppe. Mit mehr als 100 Milliarden Umsatz im Jahr Europas größtes Handelsunternehmen und Betreiber der Lebensmittelketten Lidl und Kaufland. In der Unternehmenszentrale bin ich mit Jürgen Kisseberth verabredet. Der 69-Jährige war jahrelang für das Deutschlandgeschäft zuständig und sitzt bis heute im Leitungsgremium SUT (Schwarz Unternehmenstreuhand) des Unternehmens. Ich kenne den Manager bereits seit vielen Jahren – er ist Kuratoriumsmitglied der Tafel und hat maßgeblich dazu beigetragen, dass Lidl die Arbeit der Tafel durch zahlreiche Aktionen unterstützt.

Obwohl Jürgen Kisseberth bis heute ein wichtiger Entscheider in der Schwarz-Gruppe ist, ist er das Gegenteil des selbstdarstellerischen Topmanagers. In Gesprächen zeigt er sich als angenehmer Partner, zurückhaltend, bescheiden und immer mit einem Hang zum Understatement. Ihn würde hier doch keiner mehr kennen, sagt er in unserem Smalltalk vor dem eigentlichen Gespräch. Zu alt, nicht mehr im Tagesgeschäft, die Jungen hätten jetzt das Sagen. Ich erzähle ihm, wie mich die Empfangsdame in diesen Meetingraum hier führte. Er war noch von einigen Mitarbeitern belegt, die aber auffallend schnell das Feld räumten, als der Name Kisseberth fiel. Er winkt ab. Stimmt alles gar nicht.

Der Meetingraum, in dem wir uns treffen, ist genauso gigantisch wie das Unternehmen selbst. Der Tisch hat eine Länge von sicher 15 Metern, 30 bis 40 Personen können hier also locker tagen. Wir setzen uns und beginnen das Gespräch. Als Snack gibt es schwäbische Butterbrezeln. Ein Termin ganz nach meinem Geschmack.

Im Vorfeld gab es in meinem Umfeld durchaus ein paar kritische Stimmen, als ich erwähnte, dass ich für dieses Buch auch mit einem Vertreter des Handelsunternehmens sprechen würde. Lidl und Co. sind für viele Menschen immer noch ein rotes Tuch und der Inbegriff eines Unternehmertums, dem es ausschließlich um Gewinnmaximierung geht. Ethik, soziale und gesellschaftliche Verantwortung: Fehlanzeige. Dafür Kosten drücken um jeden Preis und aggressive Expansion im (inter)nationalen Verdrängungswettbewerb. Dass die Tafeln seit mehr als zehn Jahren wirklich großzügig durch das Unternehmen unterstützt werden, andere NGOs oder Organisationen ebenso, und dass sich Kisseberth bereits 2013 für einen flächendeckenden Mindestlohn in Deutschland eingesetzt hat, wissen dagegen deutlich weniger Menschen. Oder sie wollen es nicht wissen, weil es nicht in das typische Gut-Böse-Schema passt. Und wer das soziale Engagement anerkennt, sieht darin in erster Linie Imagepflege.

Der Manager kennt diese Argumentation, und man spürt, dass ihn dieses Denken betroffen macht. Er spricht von der inneren Überzeugung, aus der heraus das Unternehmen gesellschaftlich handelt: »Wir sehen unsere Verantwortung für die Gesellschaft. Unternehmer haben sich schon immer auch sozial engagiert. Natürlich muss die Wirtschaftlichkeit eines Unternehmens funktionieren, weil man sich ansonsten gar nicht engagieren kann. Aber mich stört es, wenn ich Vorwürfe höre, dass es uns nur um die Außenwirkung gehe.«

NATÜRLICH MUSS DIE WIRTSCHAFTLICHKEIT EINES UNTERNEHMENS FUNKTIONIEREN, WEIL MAN SICH ANSONSTEN GAR NICHT ENGAGIEREN KANN. ABER MICH STÖRT ES, WENN ICH HÖRE, DASS ES UNS NUR UM DIE AUSSENWIRKUNG GEHE.

Jürgen Kisseberth

Aus Überzeugung handelt ein Unternehmen seiner Meinung nach dann, wenn es sich langfristig in Projekte einbringt. »Wir gehen gemeinsam mit unseren Partnern einen langen Weg. Egal, ob das die Tafel ist oder der Verein brotZeit, der mehreren Tausend benachteiligten Kindern täglich ein ausgewogenes Frühstück zur Verfügung stellt. Das machen wir ebenso mit Fairtrade und dem WWF in Österreich. Wir leben es auch bei uns im Haus und versuchen, die Umwelt zu schützen und nachhaltiger mit den vorhandenen Ressourcen umzugehen.«

Jürgen Kisseberth macht deutlich, dass die Zeiten sich einfach geändert haben. Das Umweltbewusstsein in der Gesellschaft ist seit den 1980er-Jahren kontinuierlich gestiegen. Und spätestens seit der Klimawandel in aller

Munde ist, interessiert sich der Endverbraucher auch verstärkt für Produktions- und Arbeitsbedingungen und den ökologischen Fußabdruck von Unternehmen. Auch beim Thema Arbeitsbedingungen von ausländischen Lieferanten fährt die Schwarz-Gruppe inzwischen eine Null-Toleranz-Politik. »Wir achten auf solche Sachen. Ein Zulieferer, der auffällig wird, wird sofort darauf hingewiesen, dass wir solche Arbeitsumstände nicht dulden. Er muss diese Zustände dann kurzfristig abstellen, oder er beliefert uns nicht mehr.«

Die Schwarz-Gruppe hat sich im Wettbewerb gut behauptet und zeigt kontinuierlich gute Wachstumszahlen. Ich frage mich, ob die gesellschaftliche Verantwortung – im Unternehmensjargon als *Corporate Social Responsibility*, CSR, bezeichnet – der Schwarz-Gruppe so leichtfällt, weil man es sich leisten kann. Stimmen die Zahlen, gibt es Kapazitäten für solche Dinge, und ganze Abteilungen werden in Unternehmen gegründet, die sich darum kümmern und entsprechende Projekte umsetzen. Aber wie sieht es in schlechten Zeiten aus? Muss man sich CSR leisten können?

Kisseberth ist da weniger zynisch als ich: »Ich glaube, nicht nur bei uns, sondern auch in vielen anderen Unternehmen ist CSR bereits so verankert, dass es auch in wirtschaftlich schlechteren Zeiten ein wichtiges

Thema bleiben wird. Wir haben diese Werte in unseren Unternehmens-grundsätzen festgeschrieben, und diese sind handlungsverpflichtend für alle Mitarbeiter. Da heißt es: ›Wir übernehmen in unserem täglichen Handeln ökonomische, soziale und ökologische Verantwortung.‹ Unse-re CSR-Kultur ist also fix. Sie definiert, wie wir CSR betrachten, wie wir damit umgehen. Und wir haben in den einzelnen Fachbereichen eigens Teams, die dafür zuständig sind. Diese Struktur durchdringt unser Unter-nehmen so sehr, dass sie unabhängig von wirtschaftlichen Erfolgen ist.«

Ich komme auf ein anderes Thema zu sprechen. Den großen Handels-unternehmen und insbesondere den Discountern wird häufig vorgewor-fen, ihre Marktmacht durchzusetzen und den Lieferanten Preise zu diktie-ren. Der deutsche Bauernverband bemängelte schon häufig die Beträge, die Aldi und Lidl beispielsweise ihren Milchlieferanten zahlen. Ein schwie-riges Thema, denn auf der anderen Seite gibt es viele Geringverdiener, die beim Lebensmittelkauf auf jeden Cent achten müssen und die sich freuen, wenn der Literpreis mal wieder um ein paar Cent fällt. Oder sind unsere Lebensmittel jetzt schon zu billig und müssten eigentlich viel teurer sein, damit auch die Produzenten und Lieferanten ein Auskommen haben, von dem sie gut leben können?

Der ehemalige Deutschland-Chef antwortet erwartbar diplomatisch: »Es muss ein Preis gefunden werden, mit dem alle in der Wertschöpfungs-kette ein vernünftiges Auskommen haben. Das funktioniert aber ganz gut, denn in der Kette gibt es bisher wenige Ausfälle. Wir haben also offen-sichtlich ein Preisgefüge gefunden, mit dem alle leben können, und arbei-ten inzwischen vermehrt direkt mit Bauern zusammen, damit das Geld tatsächlich bei ihnen ankommt und nicht in irgendwelchen Genossen-schaften versickert«, so Kisseberth.

Auch wenn es um Müllentsorgung geht, zeigt sich die Macht der Un-ternehmensgruppe. Bei mehr als 3.000 Lidl- und 1.000 Kaufland-Filialen in Deutschland fallen Unmengen an Müll an – viel davon aus Kunststoff. Mit einem eigenen Recycling- und Entsorgungssystem zieht sich das Unter-nehmen nach und nach aus dem staatlichen beziehungsweise kommuna-len Entsorgungssystem zurück und ist auf dem Weg zum Müllverwerter.

Liest man zumindest hier und da. Schon jetzt bestehen die Kunststoff-flaschen einiger Eigenmarken zu durchschnittlich mindestens 50 % aus Re-cyclingmaterial, teilweise bereits bis zu 100 %. Das Material dafür stammt aus dem eigenen Wertstoffkreislauf der Schwarz-Gruppe. Das hat einen positiven Effekt für die Umwelt, rechnet sich aber auch wirtschaftlich.

»Wir haben einen eigenen Wertstoffkreislauf geschaffen, der es uns er-möglicht, durch den Wiedereinsatz von Materialien natürliche Ressourcen zu schonen«, sagt Kisseberth. »Wir haben in Deutschland eine Größen-ordnung erreicht, bei der wir so etwas auch selbst machen können. Das macht für uns auch wirtschaftlich Sinn.«

Als Tafel haben wir es uns zur Aufgabe gemacht, Lebensmittelüber-schüsse aus dem Handel und der Produktion vor dem Wegwerfen zu retten und sie an Bedürftige zu verteilen. Überschüsse, die auch dadurch zustande kommen, weil es in der Gesellschaft bestimmte Erwartungshal-tungen gibt. Möglichst frisch muss die Ware sein. Und in großer Auswahl vorhanden. Immer. Auch noch um 21:30 Uhr am Abend. Die Einführung des Mindesthaltbarkeitsdatums (MHD) Anfang der 1980er-Jahre hat die-sen Frische-Wahnsinn der Verbraucher verstärkt und die Lebensmittelver-schwendung vorangetrieben. Was kurz vor Ablauf des MHD ist, bleibt im Regal liegen. Ein System, das auch seinen Teil dazu beiträgt, dass jährlich Millionen Tonnen von Lebensmitteln weggeschmissen werden. War das MHD vielleicht nichts anderes als eine Marketing-Geschichte, damit der Verbraucher in kürzeren Abständen einkaufen muss? Weil sein Joghurt im Kühlschrank ja »abgelaufen« ist?

KUNDEN GREIFEN IM LADEN ZU DEM PRODUKT, DAS DIE LÄNGSTE MINDESTHALTBARKEIT AUFWEIST. EINFACH, WEIL SIE DIE FRISCHESTE WARE HABEN MÖCHTEN.
Jürgen Kisseberth

Das lässt der 69-Jährige aber so nicht stehen. »Es ist schon erstaun-lich, dass man davon ausgeht, ein Unternehmen würde freiwillig oder bedenkenlos Überschüsse produzieren, die dann keiner Verwendung zuzuführen sind und damit auch keine Geldrückflüsse ermöglichen. Wer so etwas denkt, hat wenig Ahnung davon, wie gewirtschaftet wird. Es ist unser ureigenstes Interesse, dass wir unsere Waren regulär verkaufen können. Weil jeder Artikel, der nicht verkauft und verwertet wird, auch nicht zum Ergebnis beiträgt.«

Er spricht von den Bereichen, in denen Lidl auch intern versucht, die Überschüsse zu reduzieren: durch eine klügere Disposition, optimierte Bestellrhythmen und eine frühzeitige Preisreduzierung. Dadurch werden Produkte mit kurzfristigem MHD zumindest noch in den eigenen Läden verkauft. »Wir haben dadurch deutlich weniger Überhang als noch vor einigen Jahren«, erklärt Kisseberth, sieht aber auch den einzelnen Verbraucher in der Verantwortung: »Es gibt den Wunsch nach der frischesten Ware. Wenn man Kunden im Laden beobachtet, stellt man fest, dass sie zu dem Produkt greifen, das die längste Mindesthaltbarkeit aufweist. Und dabei ist es egal, ob sie die Ware vielleicht schon am gleichen Tag verzehren. Da ist dann auch der Verbraucher in der Pflicht, sein Konsumverhalten zu hinterfragen.« Alles in allem bleibt er aber realistisch: Einen Handel ohne Überschüsse wird es seiner Meinung nach nicht geben.

Die Schwarz-Gruppe stand mit Lidl in der Vergangenheit schon oft in der Kritik. Es gab vor einigen Jahren den Skandal um Personalbespitzelungen, das Unternehmen agierte viel hinter verschlossenen Türen, und Dieter Schwarz, der Eigentümer des Unternehmens und laut Wikipedia reichste Einzelperson in Deutschland, ist ein Phantom, von dem es keine Fotos gibt. All das brachte das Unternehmen in Misskredit. Seitdem hat sich allerdings einiges getan: Man kommuniziert offener, transparenter und vielleicht auch ein wenig sympathischer. Ein Gespräch wie dieses heute wäre vor 10-15 Jahren unvorstellbar gewesen. Die klare Zuordnung in Gut und Böse funktioniert nicht mehr. Gibt es vielleicht nur noch die Guten? Bei dem, was Kisseberth bisher gesagt hat, könnte man ja meinen, dass er bei der Caritas arbeitet, sage ich zu ihm.

Er lacht und sieht den Grund für die Veränderungen an anderer Stelle. »Das war damals keine Geheimniskrämerei, sondern die Bescheidenheit eines schwäbischen Unternehmens. Es war immer mein Credo, für mehr

Transparenz zu sorgen. Aber wir wollten keine Selbstdarsteller sein, sondern uns um unser Geschäft kümmern«, erklärt er. »Irgendwann wächst man zu einer Größe, mit der man sich eben nicht mehr unterm Tisch verstecken kann. In unserer Größenordnung müssen wir transparent sein. Aber ich sehe den Auslöser dieser Entwicklungen gar nicht in der Geschichte von damals. Es sind eher gesamtgesellschaftliche Entwicklungen. Bei uns arbeitet inzwischen eine junge Generation von Menschen, die mit ganz anderen Erwartungen ihren Jobs nachgehen. Und die sorgen dann auch für die Umsetzung. Wir sind ein Unternehmen, das sich schon immer sehr dynamisch entwickelt hat. In allen Bereichen.«

Beim Thema Gut und Böse wird der gläubige Christ Kisseberth sehr diplomatisch und differenziert: »Wer heute gut ist, kann morgen böse sein und übermorgen wieder gut. Was ist denn überhaupt gut oder schlecht? Ich hatte vor nicht allzu langer Zeit Geburtstag, da haben mich ehemalige Mitarbeiter angerufen, von denen ich mich beruflich trennen musste. Sie sagten, dass sie nie einen so guten Chef wie mich gehabt hätten. Und andere, mit denen ich in all den Jahren zusammengearbeitet habe, wären vielleicht froh gewesen, wenn sie einen anderen Chef gehabt hätten. Es gibt einfach Situationen, in denen ich ›gut‹ handeln kann. Und es gibt Situationen, in denen der langfristige Nutzen einer Entscheidung kurzfristig nicht sichtbar ist. Das führt dazu, dass manche Entscheidungen als ›schlecht‹ wahrgenommen werden können.«

Nach so viel Unternehmenspolitik komme ich auf das große Ganze zurück. Klima, Gesellschaft, Armut. Die dicken Bretter. Ich möchte von meinem Gesprächspartner wissen, was es eigentlich über eine Gesellschaft aussagt, dass es Tafeln gibt.

»Das sagt etwas über die Politik aus, die es nicht schafft, die Voraussetzungen zu schaffen, dass niemand zu den Tafeln muss«, antwortet Kisseberth und wird deutlicher, als ich es erwartet hätte. Er spricht vom bedingungslosen Grundeinkommen als Instrument, um den Menschen ein Leben in Würde zu ermöglichen – ohne dass sie zur Tafel gehen müssten. Ähnliches kann er sich bei der Rente vorstellen, gibt aber auch zu bedenken, dass Gesetze allein nicht alle Armut beseitigen werden. »Ich kann mit Regelwerken nicht alles lösen. Es wird auch dann immer noch Menschen geben, die froh und dankbar sind, wenn sie etwas mehr Unterstützung bekommen.«

In den derzeitigen gesellschaftlichen Entwicklungen sieht er sozialen Sprengstoff. Die Schere zwischen Arm und Reich wird zunehmend größer. Einem Facharbeiter mit durchschnittlichem Monatsgehalt ist nicht vermittelbar, dass Manager der Automobilbranche den gleichen Betrag später als Rente beziehen – nur eben täglich. Nicht monatlich. »Wenn Menschen eine lange Zeit im Arbeitsleben standen und dann auf Unterstützung und Almosen angewiesen sind, entsteht natürlich Unzufriedenheit. Das ist sehr einfach nachzuvollziehen.«

Für mich als Tafelvorsitzender ist es oft sehr schwer zu ertragen, dass wir »nur« 264.000 Tonnen Lebensmittel im Jahr retten. Von immerhin 11 Millionen Tonnen, die übrig sind. Wir retten also bei Weitem nicht alles, was zu retten wäre. Und mit dem, was wir in Deutschland wegwerfen, könnte man ganze Länder ernähren. Unicef macht gerade in einer Kampagne darauf aufmerksam, dass noch immer alle zehn Sekunden auf dieser Welt ein Kind an Hunger stirbt. Muss man das ausblenden, wenn man mit Lebensmitteln arbeitet und handelt? Obwohl man weiß, dass 3000 Kilometer weiter Menschen verhungern, während wir hier so viel zu viel von allem haben? Und funktionieren Lebensmittelrettung, Umwelt- und Klimaschutz vielleicht nur über gesetzliche Vorgaben, weil die breite Masse das Gefühl hat, verzichten zu müssen und keinen unmittelbaren Mehrwert zu sehen?

MIT DEM, WAS WIR IN DEUTSCHLAND WEGWERFEN, KÖNNTE MAN GANZE LÄNDER ERNÄHREN. UND NOCH IMMER STIRBT ALLE ZEHN SEKUNDEN AUF DIESER WELT EIN KIND AN HUNGER.

Jochen Brühl

Kisseberth antwortet nachdenklich und mit fast 70 Jahren Lebens-erfahrung im Gepäck: »Ich sehe es so: Wenn ich über 260.000 Tonnen im Jahr retten kann und das alles ist, was ich tun kann, dann habe ich alles in meiner Macht Stehende getan. Dann haben Sie Ihre Möglichkeiten aus-geschöpft. Das klingt vielleicht etwas bitter, aber so ist die Realität. Und bezüglich der 11 Millionen Tonnen, die man nicht über die Tafeln retten kann, sollten wir versuchen, die Konsumenten aufzuklären, sodass auch die Lebensmittelverschwendung in den Haushalten reduziert werden kann. Ebenso wenig kann man den Hunger in der Welt ausblenden. Auch das ist ein Teil unserer Realität. Wir leben hier privilegiert und wissen, dass es auf dieser Erde Regionen gibt, auf die wir kurzfristig keinen Ein-fluss nehmen können. Sie verfügen nicht über unsere Möglichkeiten. Das ist ein Problem, für das es keine einfache Lösung gibt.«

Beim Mehrwert der Klimarettung wird er hingegen deutlich: »Der Mehrwert liegt ja darin, dass wir unsere Welt erhalten. Und diesen Mehr-wert kann man nicht in Euro oder Dollar ausdrücken. Die Erde ist unsere Lebensgrundlage. Lange Zeit gab es ja gar kein Bewusstsein dafür. Aber jetzt wissen wir um die Auswirkungen, und wir wissen, was zu tun ist. Und dann müssen wir das auch tun. Zum Nulltarif wird das allerdings nicht umzusetzen sein.«

DER MEHRWERT LIEGT DARIN, DASS WIR UNSERE WELT ERHALTEN. UND DIESEN MEHRWERT KANN MAN NICHT IN EURO ODER DOLLAR AUSDRÜCKEN. DIE ERDE IST UNSERE LEBENSGRUNDLAGE.

Jürgen Kisseberth

Am Ende unseres Gesprächs komme ich noch auf ein Zitat von Kisseberth zu sprechen, das mich irgendwie berührt hat. »Ich möchte, dass meine Mitarbeiter besser werden, als ich es bin.« Ich frage mich, ob man diese weisen Worte auch auf das Verhältnis zwischen Unter-nehmen und NGOs übertragen kann. Und ob es auch harte inhaltliche

Diskussionen zwischen Unternehmen und den von ihnen unterstützten Hilfsorganisationen geben kann.

Seine Antwort macht Mut: »Ja. Ich kann mich doch nur weiterentwickeln und besser werden, wenn ich solche Diskurse zulasse. Ich kann nicht für jeden in diesem Unternehmen sprechen, aber für mich machen solche Diskussionen ja gerade eine Entwicklung aus. Nur so können wir voneinander lernen. Wenn ich mich permanent im eigenen Saft drehe, dann gibt es keinen Fortschritt mehr.«

Zum Abschied packe ich mir noch – Lebensmittelretter, der ich bin – eine Butterbrezel ein. Nicht dass sie noch weggeworfen wird! Während ich sie auf der Heimfahrt im Zug esse, denke ich über das Gespräch nach. Wenn auch so manche Kritik an den Discountern berechtigt sein mag, glaube ich doch nicht, dass sie als Projektionsfläche für alle sozialen und marktwirtschaftlichen Verfehlungen taugen. Aldi, Lidl und Co. sind sich ihrer gesellschaftlichen Verantwortung durchaus bewusst und engagieren sich in vielen Bereichen. Könnte noch mehr gemacht werden? Bestimmt! Mehr könnte immer gemacht werden. Aber sie tun etwas. Und das, so habe ich den Eindruck, vielleicht sogar aus Überzeugung.

MACHBAR:

Einfacher Einkaufstrick: morgens den Kühlschrank-Inhalt fotografieren

Sie wollen nach der Arbeit noch schnell den Einkauf erledigen und sind sich nicht sicher, ob Sie Milch brauchen? Fotografieren Sie einfach jeden Morgen nach dem Zähneputzen Ihren geöffneten Kühlschrank – das geht schnell und so sehen Sie immer, welche frischen Lebensmittel wirklich fehlen. So vermeiden Sie Spontankäufe, sparen bares Geld und tun auch was für den Klimaschutz, wenn Sie weniger Lebensmittel wegschmeißen müssen. Und wenn Sie die gute alte Einkaufsliste nicht mehr vergessen wollen, gibt es verschiedene Apps für Android und iOS bei iTunes und im Google Play Store.

»DAS EHRENAMT IST VORWIEGEND WEIBLICH«

DR. IRMGARD SCHWAETZER

Berlin ist durch meine Tätigkeit im Vorstand der Tafeln zu einem wichtigen Ort für mich geworden. Viele Tage im Jahr bin ich in der Geschäftsstelle der Tafel Deutschland e. V.

Heute habe ich mich mit Frau Dr. Irmgard Schwaetzer verabredet, Bundesministerin a. D., mehr als 20 Jahre Mitglied der Bundestagsfraktion der Freien Demokraten, christlich engagiert, kirchenpolitisch aktiv, eine Sozialliberale im besten Sinne des Wortes. Die Location ist passend gewählt: Die Passionskirche am Marheinekeplatz in Kreuzberg ist nicht einfach nur ein Sakralbau, in ihr pulsiert das Leben. Im Innern der Kirche gibt es eine Ausgabestelle der Berliner Lebensmittelinitiative »Laib und Seele«, regelmäßig finden Rock- und Popkonzerte statt, einmal im Monat gibt es Kinofilme zu sehen. Ich finde es schön, dass Kirche und Gesellschaft hier so gut miteinander verwoben sind.

Wir setzen uns in eine der Kirchenbänke. Mich beschäftigt vor allen Dingen eine scheinbare Widersprüchlichkeit in der Biografie der Grande Dame der FDP: Auf der einen Seite ist da die liberale Politikerin, die auch heute noch für die individuelle Freiheit streitet, auf der anderen Seite die engagierte Protestantin, die das Miteinander der Gesellschaft fördern möchte. Wie passt das zusammen? Brauchen Gesellschaft und Wirtschaft wirklich noch mehr Freiheit? Oder liegt in dieser Freiheit nicht auch ein Grund für die wachsende Armut und die immer ungleichere Verteilung von Besitz und Gütern? Hat die Hartz-IV-Reform die Armut in unserem Land weiter verfestigt?

Sie ist sofort im Thema, spricht langsam, konzentriert. Die Jahre im Bundestag haben sie geschult. »Ich betrachte das Thema heute so, wie ich es schon damals betrachtet habe. Es ging immer darum, Augenhöhe und einen besseren Zugang für arme Menschen zu einer etwas mehr als ausreichenden Versorgung herzustellen. Aus heutiger Sicht muss man allerdings ganz klar sagen: Das hat nicht hingehauen«, antwortet sie selbstreflektiert. »Ich befürchte, Armut wird in jeder Gesellschaft zu finden sein. Immer wird es Menschen am unteren Ende der Einkommensskala geben, die jeden Tag mit der Frage konfrontiert sind, ob sie das Allernötigste haben. Wenn es um Armut geht, wird es nie Lösungen geben, die dauerhaft tragfähig sind.«

ICH BEFÜRCHTE, ARMUT WIRD IN JEDER GESELLSCHAFT ZU FINDEN SEIN. WENN ES UM ARMUT GEHT, WIRD ES NIE LÖSUNGEN GEBEN, DIE DAUERHAFT TRAGFÄHIG SIND.
Dr. Irmgard Schwaetzer

Die traurige Analyse der studierten Pharmazeutin schockiert mich ein wenig. Nicht, weil ich ihr nicht zustimmen würde, sondern weil so klare Worte in der Politik selten geworden sind. Aber woher kommt diese ernüchternde Feststellung? Ist das wirklich eine faktische Beschreibung? Oder Resignation?

Dr. Schwaetzer führt ihren Gedanken weiter aus: »Armut ist ja kein statischer Begriff. Er ist für mich immer an den Begriff der Gerechtigkeit gebunden. Aber eine gerechte Gesellschaft sind wir nicht, wenn wir nur für das leibliche Auskommen sorgen. Unser christliches Menschenbild beschreibt den Menschen als Individuum mit Wünschen, mit geistigen und geistlichen Bedürfnissen. Wenn wir das aus den Augen verlieren, sind wir keine gerechte Gesellschaft mehr.«

Ich komme wieder auf die Widersprüchlichkeit zwischen politischen und kirchlichen Interessen zu sprechen. Die 75-Jährige gehört einer Partei an, die von vielen Menschen als Inbegriff des Neoliberalismus angesehen wird. Die Partei der Besserverdiener. Klientelpolitik für die Wirtschaft. Eine Partei, die über viele Jahre die Rahmenbedingungen in diesem Land mitgestaltete. Gleichzeitig repräsentiert sie als Präses der Synode der Evangelischen Kirche in Deutschland (EKD) eine zutiefst soziale Einrichtung. Wie gelingt einem solch ein Spagat, ohne dass man darüber seine Glaubwürdigkeit verliert?

Sie wird nachdenklich, überlegt, bis sie die passenden Worte findet. »Das ist immer wieder eine schwierige Situation. Als ich noch aktiv in der Politik war, habe ich mich zum Beispiel nicht an öffentlichen Demonstrationen beteiligt, weil ich dann ja im Prinzip gegen mich selbst demonstriert hätte. Aber es ist ein Abwägen von Interessen und Notwendigkeiten aus unterschiedlichen Bereichen. Mit meinem derzeitigen Amt in der Kirche kann ich diesbezüglich deutlich fordernder sein und die Politik wirklich anschieben.«

Die Mitherausgeberin der evangelischen Zeitschrift chrismon, die monatlich über verschiedene bundesweite Publikationen wie ZEIT, FAZ, WELT und die Süddeutsche mehr als anderthalb Millionen Leser erreicht, hat sich schon vor Jahren aus der großen Politik zurückgezogen, bezieht aber parteiintern nach wie vor Stellung zu Themen wie Gleichstellung und Armut. Wie viele andere Menschen spürt auch sie eine wachsende Unzufriedenheit in der Bevölkerung. Gräben zwischen politischen Lagern werden tiefer, die Schere zwischen Arm und Reich klafft weiter auf, viele

Menschen fühlen sich nicht mehr durch die Politik vertreten. Mit einer Lebenserfahrung von 75 Jahren und vielen Jahrzehnten politischer Arbeit im Gepäck bietet es sich doch an, den aktiven Politikern ein paar Ratschläge mit auf ihren Weg zu geben. Was wären das für Tipps?

DIE POLITIK MUSS BESSER ERKLÄREN, WARUM BESTIMMTE ENTSCHEIDUNGEN GETROFFEN WERDEN. VOR ALLEN DINGEN MÜSSEN POLITIKER ABER WIEDER ZUHÖREN.

Dr. Irmgard Schwaetzer

»Bei dem derzeitigen Gefühl der Zerrissenheit und Ungerechtigkeit in unserer Gesellschaft ist es seitens der Politik notwendig zu erklären, warum bestimmte Entscheidungen getroffen werden. Das hat die Politik in den vergangenen Jahren viel zu oft versäumt. Vor allen Dingen müssen Politiker aber wieder zuhören, sich zu den Menschen setzen und mit ihnen reden«, antwortet Dr. Irmgard Schwaetzer.

Die Frage danach, was in einer Gesellschaft eigentlich gerecht ist, hat sie ihr ganzes politisches Leben lang begleitet. Aber ist die Art und Weise, wie wir heute mit den Menschen am unteren Ende der Einkommensskala umgehen, etwa gerecht? »Das muss in unterschiedlichen Zeiten unterschiedlich beantwortet werden«, antwortet sie salomonisch. »Aber in zwei Bereichen sehe ich richtige Probleme auf uns zukommen: Das ist die Altersarmut und das sind die Alleinerziehenden.«

Die Probleme mit diesen Personengruppen kommen allerdings nicht erst in einer fernen Zukunft auf die Gesellschaft zu – schon heute stellen Senioren und Alleinerziehende neben Kindern und Jugendlichen einen Großteil der Tafel-Kundinnen. Die Liberalen knüpfen Armut an Gerechtigkeit und Gerechtigkeit an Freiheit. Aber ist es Freiheit, wenn eine alleinerziehende Mutter mit drei Kindern tagtäglich darum kämpfen muss, das Notwendigste zu haben?

Unser Gespräch wird unterbrochen, weil eine Kita-Gruppe für einen Gottesdienst proben möchte. Es wird gelacht und gesungen. Wir verlassen den Kirchenraum Richtung Sakristei; hier ist es ruhiger. Man hört die singenden Kinder leise durch die geschlossenen Türen. Ich freue mich darüber, denn so viel Alltagstrubel ist in Kirchen selten geworden. Die Mitgliederzahlen schrumpfen, Gemeinden werden zusammengelegt, und ganz allgemein schwindet damit auch die gesellschaftliche Relevanz der Kirche. Manchmal habe ich den Eindruck, sie ist beim Großteil der Bevölkerung maximal noch für die guten Gefühle zu Weihnachten, bei Taufen und Hochzeiten zuständig. Die prognostizierten Austrittszahlen bestätigen das nachhaltig.

Muss Kirche wieder stärker zu einem Ort der Begegnung werden? Völlig ideologiefrei geöffnet für Katholiken, Moslems, Freikirchler, Atheisten? Als anwaltschaftlicher Ort der Unterstützung für Menschen, die am unteren Ende der Gesellschaft stehen? Die Kirchenfrau Dr. Irmgard Schwaetzer findet, das müsste sie, und erzählt von vielen Gemeinden, in denen diese offenen Begegnungen bereits stattfinden. »Aber ich würde mir wünschen, dass es noch mehr werden. Ganz klar. Denn wenn wir es als Kirche nicht schaffen, unseren Auftrag zu erfüllen, Anwalt für die Schwachen und

Armen der Gesellschaft zu sein, für Geflüchtete ebenso wie für Alte, Kranke und Alleinerziehende, dann verlieren wir unsere Relevanz.« So weit sei es aber noch nicht, beruhigt sie mich. In Umfragen erziele die Kirche für ihr soziales Engagement und ihr diakonisches Wirken eine Zustimmung von 80 Prozent.

WENN WIR ES ALS KIRCHE NICHT SCHAFFEN, ANWALT FÜR DIE SCHWACHEN ZU SEIN, VERLIEREN WIR UNSERE RELEVANZ.
Irmgard Schwaetzer

Bei dem derzeitigen Gefühl der Zerrissenheit und Ungerechtigkeit in unserer Gesellschaft ist es seitens der Politik notwendig zu erklären, warum bestimmte Entscheidungen getroffen werden. Das hat die Politik in den vergangenen Jahren viel zu oft versäumt. Vor allen Dingen müssen Politiker aber wieder zuhören, sich zu den Menschen setzen und mit ihnen reden.

Doch das eher tolerante, vielfältige und offene Berlin ist nicht typisch für den Rest der Republik. Während Atheisten, Moslems und Christen hier und da sogar gemeinsam soziale Projekte durchführen, stellt sich die Situation in ländlichen Räumen oft völlig anders dar. Auf dem Land führt Armut oft zu Isolation. Was in den Metropolen zum Alltag gehört, wird in Kleinstädten und Dörfern viel stärker stigmatisiert. Die Scham ist dort noch größer, weil man sich nicht in der Anonymität der Großstadt verstecken kann. Die Orte, an denen sich im wahrsten Sinne des Wortes Arm und Reich begegnen, werden immer seltener, die Schnittmengen zwischen einzelnen gesellschaftlichen Gruppen kleiner.

Die Tafeln versuchen hier immer wieder eine Ausnahme zu sein. Ihre Idee: Filterblasen können durch niedrigschwellige Begegnungen durchbrochen werden. Man kommt ins Gespräch, gewinnt bestenfalls Interesse und Verständnis. Und ebenso typisch: Rund 20 Prozent der ehrenamtlich Tätigen bei den Tafeln sind selbst Kundinnen und Kunden. Trotzdem bleibt auch hier oft ein schamhaftes Gefühl – ein Gefühl der Hilfe von oben und unten, dem die Tafeln zu begegnen versuchen. Nicht immer erfolgreich, aber eben auch mit Erfolg.

Die Kirchen hingegen kommen vielen zunehmend wie eine Mittelschichtsveranstaltung vor. Als Kirchenfunktionärin arbeitet Irmgard Schwaetzer intensiv daran, dies zu verändern und wieder eine Institution zu gestalten, die sich an alle Gesellschaftsgruppen richtet. »Aber dazu gehört eben auch, dass es eine andere Sprache in den Gottesdiensten geben muss, andere Formen des Gottesdienstes, andere Möglichkeiten des Miteinanders. Da gibt es jede Menge Ideen. Die aber in einer Kirche mit 21 Millionen Mitgliedern umzusetzen, ist nicht ganz so einfach«, gesteht sie.

Wir kommen auf das Ehrenamt zu sprechen – ein Faktor, der sowohl die Tafeln als auch die Kirche prägt und von dem beide Institutionen elementar abhängen, auch wenn die Tafel-Arbeit inzwischen an manchen Stellen durch Hauptamtliche ergänzt wird. Sich ehrenamtlich zu engagieren muss man sich eben auch leisten können. Die wohltätige Arbeit frisst Zeit und Ressourcen des Einzelnen. Die geplante Verlängerung der Lebensarbeitszeit wird deshalb auch viele soziale Organisationen mit voller Wucht treffen. Wer länger arbeitet, findet weniger Zeit für andere. Als Tafel haben wir deshalb eine Petition gestartet, die eine Anrechnung von Rentenpunkten für Ehrenamtliche fordert. So würde ein zusätzlicher Anreiz geschaffen werden, sich für die Gesellschaft einzusetzen. Oder zumindest würden einige Nachteile, die solch eine Tätigkeit mit sich bringt, ausgebügelt werden.

ZUSÄTZLICHE RENTENPUNKTE FÜR EHRENAMTLICHE ARBEIT WÜRDEN DAZU BEITRAGEN, ALTERSARMUT ABZUBAUEN ODER ZU VERHINDERN.
Irmgard Schwaetzer

Irmgard Schwaetzer ist ganz bei mir und unterstützt die Forderung nach Rentenpunkten bereits seit langer Zeit. »Auch, weil das Ehrenamt im sozialen und diakonischen Bereich in weiten Teilen weiblich ist. Zusätzliche Rentenpunkte würden dazu beitragen, Altersarmut besonders von Frauen abzubauen oder zu verhindern.« Ein Busticket oder die Übernahme von Fahrtkosten von Ehrenamtlichen sollten sowieso selbstverständlich sein, findet Schwaetzer. »Wenn man für ehrenamtliche Tätigkeiten noch Geld einsetzen muss, halte ich das für nicht angemessen«, sagt sie klar und bestimmt.

Die Gruppe der Ehrenamtlichen ist schwer zu greifen. Selbst Studien kommen zu höchst unterschiedlichen Zahlen: Zwischen 15 und 30 Millionen Menschen sollen sich freiwillig in diesem Land engagieren. Das fängt mit den Jugendtrainern im Sportverein an, geht über die vielen Vorstände, Schatzmeister und Kassenwarte von Kleingarten-, Schützen- und Modellbauvereinen und mündet in freiwilligen Feuerwehren und Obdachlosenhilfen. Was man aber sagen kann: Junge Menschen engagieren sich stärker in Projekten und übernehmen selten langfristige Aufgaben mit hoher Verantwortung. Nach der Ausbildung und in der Familienplanungsphase nimmt das Engagement spürbar ab. Die eigene Familie muss ernährt, die Karriere in Gang gebracht und das Eigenheim gebaut werden. Erst zum Ende des Berufslebens und wenn die Kinder aus dem Haus sind, steigt die Bereitschaft, sich für andere zu engagieren, wieder signifikant an.

Schwaetzer kennt dieses Muster aus eigenen Studien der EKD und fordert mehr Mitgestaltungsmöglichkeiten für junge Menschen, die sich in den klassischen Formen und Strukturen des Ehrenamtes eher unwohl fühlen. Darüber hinaus will sie an einer anderen Stelle ansetzen, um auch zukünftig ein breites Engagement in der Gesellschaft zu sichern: »Ich finde, wir müssen bei den Frauen anfangen. Frauen tragen viel Verantwortung in der eigenen Familie, aber viele sind nicht gewohnt, außerhalb dieses Umfeldes Verantwortung zu übernehmen. Obwohl sie das könnten. Sie müssen ja keiner Frau erklären, wie man mit einem Budget umgeht. Aber sie werden nicht dazu ermutigt, dieses Know-how auch außerhalb der Familie einzubringen.«

Als Bundesvorsitzender der Tafel Deutschland e. V. wird mir nicht nur auf die Schulter geklopft – im Gegenteil. Die Tafeln stehen immer wieder in der Kritik. Die Standardargumente: Tafeln sind Teil einer Wohlfahrtsindustrie. Durch ihre Arbeit würde Armut und Scham manifestiert, der

Staat von seiner Fürsorgepflicht entbunden, und der Klassiker: Unsere Arbeit braucht es gar nicht, denn in Deutschland müsse niemand hungern. Ich sehe das natürlich differenzierter, frage mich aber ebenfalls manchmal, ob sich Politik und Gesellschaft – also letztendlich wir alle – zu sehr auf dem Engagement von Organisationen wie der Tafel ausruhen.

SOLLTE ES NICHT VIEL MEHR UM UNTERSTÜTZUNG FÜR DIE SCHWÄCHEREN GEHEN? SOLLTEN WIR NICHT DIE URSACHEN ANGEHEN, STATT IMMER WIEDER DIE FOLGEN ZU THEMATISIEREN?

Jochen Brühl

Sollte es nicht viel mehr um Solidarität, Gemeinschaft und Unterstützung für die Schwächeren gehen? Sollten wir nicht viel mehr bestehende Ressourcen nutzen und die Scham abbauen, indem wir Hilfen für alle neu positionieren und fördern? Sollten wir nicht die Ursachen angehen, statt immer wieder die Folgen zu thematisieren? Konkret handeln und Missstände sichtbar machen, das können Tafeln. Mehr nicht. Das betonen wir immer wieder. Und wenn ich mich schon so darüber ärgere, wie geht es wohl den vielen Helferinnen direkt vor Ort? Denen, die sich täglich um Spendengelder und Unterstützung bemühen und die vielfach über einen langen Zeitraum an ihrer Belastungsgrenze arbeiten, um anderen zu helfen?

Die Bundesministerin a. D. springt mir sofort zur Seite. »Ja, die Politik verlässt sich darauf, dass einige Bereiche in der Gesellschaft durch das Ehrenamt aufgefangen und abgedeckt werden. Ich will die Politik nicht aus der Verantwortung lassen und ich glaube, dass unsere Gesellschaft mehr tun kann. Aber auch, wenn mehr getan würde, wäre die Arbeit der Tafel nicht überflüssig. Es wird immer den Wunsch und das Bedürfnis geben, ein klein wenig zusätzlich zu haben. Und diese Chance auf ein kleines Stückchen mehr liefert die Tafel. Zusätzlich sorgen Sie dafür, dass weniger Lebensmittel verschwendet werden. Das ist ein wichtiges Anliegen. Und ich finde es wunderbar, dass sich so viele Ehrenamtliche engagieren. Was die Überforderung angeht, würde ich versuchen, gemeinsam mit den

MACHBAR:

Vorsicht bei Angeboten in Großpackungen

Großpackungen sind super. Für den Handel. Denn er setzt pro getätigtem Kauf mehr Ware um. Für einige Kunden können sich solche Sparpacks und XXL-Packungen rechnen, bei Großfamilien etwa, wenn eine Party ansteht oder die Fußballmannschaft des Sohnes versorgt werden muss. Bei Single- oder Zweipersonenhaushalten sind solche großen Mengen nicht immer sinnvoll. Selbst wenn Sie ein paar Cent am Kilopreis sparen, bleibt die Großpackung häufig trotzdem teurer. Nämlich immer dann, wenn ein Teil davon nicht verwertet wird und im Müll landet. Egal ob Supersonderangebot oder Zwei-zum-Preis-von-einem-Angebote. Fragen Sie sich immer, ob Sie wirklich diese Menge des Lebensmittels benötigen.

Verantwortlichen zu schauen, wie ihre Arbeit und ihre Leistung besser in der Gesellschaft bekannt gemacht und damit stärker wertgeschätzt werden könnte. Und wie sie vielleicht zusätzliche ehrenamtliche Kräfte gewinnen könnten. Ich denke, dass gerade im Tafel-Bereich Begriffe wie Nächstenliebe, Barmherzigkeit und die Weitergabe der Liebe Gottes eine Rolle spielen. Eigentlich müssten Sie also relativ einfach praktizierende Christen für Ihre Arbeit gewinnen können.«

Sie schweigt kurz, weil da wohl ein weiterer Gedanke formuliert wird. »Aber ich sage mal ganz selbstkritisch: Vielleicht ist auch innerhalb der evangelischen Kirche eine Tendenz zur Selbstgenügsamkeit erkennbar, die solche Aktivitäten nicht mehr so ganz ernst nimmt.«

Unsere Gesprächszeit ist fast um, die Kindergruppe ist schon wieder auf dem Rückweg zur Kita. Wir setzen uns erneut in eine Bankreihe und genießen die Ruhe, die diese Kirche ausstrahlt. Da draußen, hinter den Kirchentüren, geht es weniger ruhig zu. Populistische Kräfte schüren Ängste, suchen die Meinungshoheit über bestimmte Themen wie Zuwanderung und bieten scheinbar einfache Lösungen für eine immer komplexer werdende Gesellschaft. Nicht ohne einen gewissen Erfolg. Ärmere Menschen werden geschickt gegen Geflüchtete ausgespielt und fühlen sich übergangen. Aber auch tolerantere und offene gesellschaftliche Kreise verfallen zunehmend in ein Schwarz-Weiß-Denken. Auf der einen Seite die Guten und auf der anderen Seite die Bösen. Doch dazwischen liegen unendlich viele Abstufungen.

Dr. Schwaetzer ist jetzt wieder ganz Kirchenfrau und ehrlich um Ausgleich bemüht: »Unser Auftrag ist es, an dieser Gesellschaft mitzuwirken. Und wir haben unsere Vorstellungen von Gerechtigkeit. Also müssen wir diese Vorstellungen in der Öffentlichkeit auch begründen. Natürlich gibt es in einer Organisation wie der evangelischen oder katholischen Kirche die Diskussion darüber, wie viel Sorge es für die eigene Gesellschaft geben muss. Und wie sie sich zur Sorge um jene verhält, die bei uns um Aufnahme ersuchen. Ich glaube, dass wir da immer wieder mit uns selbst diskutieren müssen, wie wir unseren Auftrag der Nächstenliebe umsetzen können. Dieses Ausspielen von unterschiedlichen Gruppen von Bedürftigen ist jedoch zutiefst ungerecht. Wir müssen dafür sorgen, dass diesem Treiben die Grundlage entzogen wird.«

Wenn es um die einfachen Lösungen geht, kommt dann aber doch wieder die ehemalige Politikerin durch: »Es gibt keine einfachen Lösungen!«, sagt sie. »Und das macht das Erklären umso schwieriger. Komplexe Lösungen zu erklären funktioniert oft nur, wenn man an gewissen Stellen vereinfacht.« Wäre es nicht auch an den Kirchen, den Gläubigen diese komplexen Lösungen zu erklären und sich vielleicht einfach noch etwas deutlicher gesellschaftspolitisch zu positionieren?

Da geht sie jedoch nicht mit. »Kirche ist politisch und muss politisch sein. Das ist unser Auftrag. Jesus war mit seinem ganzen Leben extrem politisch. Und wir leiten es aus unserer Beziehung zu Jesus Christus ab. Wir haben einen Gestaltungsauftrag in der Gesellschaft. Und ich finde, der derzeitige Rat der Evangelischen Kirche äußert sich sehr deutlich zu gesellschaftlichen Fragen.«

Nachdem ich mich von Frau Dr. Schwaetzer verabschiedet habe, gehe ich noch einmal in die Kirche zurück. Mich beeindruckt der Spagat, den die mit zahlreichen Verdienstorden geehrte Politikerin scheinbar mühelos hinbekommt. Klare Kante zeigen und Haltung bewahren funktioniert also auch, ohne dass man in Schwarz-Weiß-Denken verfällt und blind wird für die vielen Nuancen dazwischen. Ich weiß nicht, ob es eine Art Altersweisheit ist oder ob der um Ausgleich bemühte Charakter sich erst nach der aktiven politischen Karriere komplett entfalten kann. Aber ich glaube, dass solche klugen Köpfe in der aktuellen politischen Landschaft eher Ausnahme als Regel sind.

»NIEMAND DARF ZURÜCKGELASSEN WERDEN«

FRANZ-JOSEF OVERBECK

Heute ist Heimspiel in meiner lieb gewordenen Wahlheimat Essen angesagt, mitten im »Moloch« Ruhrgebiet mit seinen 5 Millionen Einwohnern. Schön war diese Industrieregion zwischen Duisburg und Dortmund lange nicht, denn hier ging es immer nur um Kohle und Stahl und Arbeit für jeden, der zupacken konnte.

Insbesondere nach dem Zweiten Weltkrieg sorgte das Ruhrgebiet für den Wiederaufbau des Landes. Und als die Produktion weiter anstieg, kamen die Gastarbeiter. Aus Italien, aus Griechenland, später aus der Türkei und aus Polen. Multikulti wurde hier bereits gelebt, als der Begriff noch gar nicht erfunden war. Und zwar zumeist wie selbstverständlich. Denn zumindest bei der Arbeit war es egal, ob der Kumpel Türke, Grieche oder Italiener war. Unter Tage und an den Hochöfen musste man sich aufeinander verlassen können.

Mit dem Wegfall der Zechen und Stahlwerke hat sich vieles – auch in Essen – verändert, und nicht nur zum Guten. Sicher, heute ist es grüner, l(i)ebenswerter und auch hipper, und auch das Zusammenleben der unterschiedlichen Menschen klappt hier immer noch besser als in anderen Gegenden. Doch auch hier gibt es Probleme, die mich beunruhigen: die A 40, die den reichen Süden vom armen Norden trennt; die dann doch irgendwie gescheiterte Integration von Menschen mit Migrationshintergrund, die sich auch im Empörungsdiskurs um die Tafel Essen zeigte; die auch hier bestehende Clanproblematik; die sich ausweitende Armut ...

Viele Gastarbeiter gingen nicht wieder in ihre Heimat zurück, sondern blieben hier und holten ihre Familien nach, inzwischen in der zweiten und dritten Generation. Aber die Arbeitsplätze der Kohle- und Stahlindustrie, die blieben eben nicht. Zechen wurden geschlossen, Kokereien stillgelegt, Stahlwerke Schraube für Schraube demontiert und nach China verkauft. Der Ruhrpott wurde zu einer Art deutscher Pflegefall. Wenn in einer Stadt wie Gelsenkirchen fast jedes zweite Kind Hartz-IV-Leistungen bekommt, ist es dramatisch. Wer sich ein Bild der Lage machen möchte, kann einfach einmal eine beliebige Tafel-Ausgabestelle in Duisburg, dem Essener oder Dortmunder Norden oder eben in Gelsenkirchen besuchen. In Anbetracht dieser Lage gibt es immer wieder Politiker, die den 1991 eingeführten Solidaritätszuschlag in die Krisenregion an der Ruhr umleiten möchten. Nötig hätten es die Kommunen allemal.

Es ist ein fast schon heißer Apriltag. Ich stehe auf dem Burgplatz in der Essener City, um mich herum ist viel Trubel. Man hört Arabisch, Türkisch, auch Indisch. Vor mir liegt der Bischofssitz. Und den Bischof werde ich gleich treffen.

Franz-Josef Overbeck ist der Ruhrbischof, und er steht vor enormen Herausforderungen. Da gibt es die Armut im Ruhrbistum, den Mitgliederschwund der Kirchen, eine zunehmende Entfremdung zwischen der Amtskirche und der Alltagsrealität der Menschen und die Fragen nach der Rolle der Frau, dem Zölibat, der Sexualmoral und dem Umgang mit Geschiedenen oder gleichgeschlechtlich Liebenden. Und über allen schweben die zahlreichen Missbrauchsfälle in der Vergangenheit. Nein, um seinen Job beneide ich Overbeck nicht.

Als ich den altehrwürdig wirkenden Bau betreten habe, ist der Lärm draußen geblieben, die Hitze auch. Gediegenes Parkett, Heiligenfiguren, Porträts der Vorgänger von Overbeck an der Wand des langen Flures.

Ich begrüße den Bischof und frage erst einmal, wie ich ihn denn korrekt ansprechen soll, so als Protestant. »Herr Overbeck oder Herr Bischof«, seine amüsierte Antwort.

»Und als Katholik?«

»Genauso.«

Sehr trockener Humor! Gefällt mir gut!

Ich frage den groß gewachsenen Geistlichen direkt, ob es die Institution Kirche heute überhaupt noch braucht. Die Mitglieder laufen ihr in Scharen davon, Religionen werden zunehmend hinterfragt, und nicht selten heißt es, dass in ihnen der Ursprung von Konflikten und Kriegen läge.

Der 55-Jährige überlegt nur kurz, sucht den Blickkontakt und antwortet dann leise, klar, pointiert: »Religion kann ein Ursprung von Konflikten sein, ist aber erst einmal die Grundlage für ein gutes Zusammenleben. Es braucht auch immer eine Form von Vergemeinschaftung. Und deshalb braucht es die Kirchen, sonst kann das Christentum nicht leben. Das Christentum gibt es nicht ohne die Kirche. Und gleichzeitig gibt es die gesamte westliche Kultur nicht ohne das Christentum. Deshalb ja, es braucht die Kirche immer noch.«

RELIGION KANN EIN URSPRUNG VON KONFLIKTEN SEIN, IST ABER ERST EINMAL DIE GRUNDLAGE FÜR EIN GUTES ZUSAMMENLEBEN.

Franz-Josef Overbeck

Overbeck ist seit 2009 oberster Hirte im Ruhrbistum und seit 2011 auch Militärbischof für die Bundeswehr. Zwei Jobs, für die es sicherlich ganz besonderer Qualitäten im Umgang mit Menschen bedarf. Anders als die katholischen Hochburgen in Trier, Passau oder Paderborn mit ihren jahrhundertealten Traditionen wurde das Bistum Essen erst Ende der 1950er-Jahre gegründet. Und um die Kumpel an der Ruhr zu überzeugen, brauchten die Ruhrbischöfe keinen würdevollen Habitus. Sie mussten nah dran sein an den Malochern, ihre Sprache sprechen und auf keinen Fall päpstlicher als der Papst rüberkommen. Overbecks drei Vorgängern sagt man genau diese Eigenschaften nach. Und auch er selbst spricht gern Klartext und seine Ideen von einer katholischen Kirche der Zukunft treffen nicht bei allen seiner Kollegen auf Zuspruch.

Ich will es genauer wissen: Dreht sich die Kirche nicht manchmal viel zu sehr um sich selbst? Auch, weil es die Themen gibt, die lange Zeit nicht angeschaut wurden. Kümmert sie sich in ihren Traditionen nicht zu wenig um das wahre Leben? In unserer Gesellschaft gibt es ein ungeheures

Konfliktpotenzial, weil sich Menschen gegeneinander ausgespielt fühlen. Da ist eine wachsende Ungleichheit. Kann die Kirche noch immer Lobbyist, Anwalt und Vertreter der Armen sein? Gerade dann, wenn sie selbst in vielen Skandalen und Herausforderungen steckt?

Der Bischof legt den Kopf zur Seite, während er mir zuhört. Er ist sehr konzentriert und antwortet schnell. »Wir sind ja in ganz vielfacher Weise die Vertreter der Armen. Insbesondere wir hier im Ruhrbistum haben in der sozialen Verantwortung einen unserer Schwerpunkte in der Arbeit mit den Menschen – ja, gerade auch dann, wenn wir selbst unsere Hausaufgaben machen und unsere Themen bearbeiten müssen. In dieser Ambivalenz, das eine zu tun und das andere aufzuarbeiten, bewegen wir uns.«

Er erzählt von der langen kirchlichen Tradition, sich sozial zu engagieren. Von den Almosen früherer Zeiten und von den großen christlichen Wohlfahrtsorganisationen wie Caritas und Diakonie, die viel Gutes bewirkt haben und noch bewirken. »Und das gilt ja auch für viele kleinere soziale Initiativen, Treffpunkte und Schlafstellen für Obdachlose, Treffpunkte für Menschen mit Behinderungen, das gilt für Frauenhäuser etwa in Duisburg oder Bochum, die ganz diskret arbeiten, und unzählige Initiativen für alte Menschen.«

Einen Unterschied zu früheren Zeiten – und vielleicht auch die Erklärung, warum das kirchliche Engagement in der Öffentlichkeit nicht so stark wahrgenommen wird – sieht er in den anderen sozialen Hilfsorganisationen: »Die Kirchen haben keinen Alleinvertretungsanspruch mehr. Das hat sich erweitert. Wir sind quasi in eine Konkurrenz getreten, auf Feldern, die wir schon immer bespielt haben, auf denen jetzt aber noch andere Akteure mitspielen. Das ist der Unterschied.«

Die Tafel-Arbeit hält er – genau wie ich – für enorm wichtig, auch weil sie keine Unterschiede dabei macht, wer ihre Hilfe bekommt, was diese Person glaubt, wie alt sie ist, wen sie liebt oder woher sie kommt. Und auch, weil sie das nach den Regeln einer Ehrenamtsbewegung macht und nicht die Aufgabe hat, die Ursachen gesellschaftlicher Missstände zu beheben oder staatliche Leistungen zu ersetzen. Sie kann der Ausgrenzung ein Gesicht geben, Verschwendung thematisieren und Folgen lindern. Mehr nicht. Die Bedingungen zu verändern ist nicht ihre Aufgabe, sondern die von Staat und Gesellschaft.

Im Nordteil der Essener Innenstadt unterhält die Gemeinde St. Gertrud eine Ausgabestelle und versorgt wöchentlich mehr als 70 Familien mit Lebensmitteln. »Tafeln machen Armut gerade vor Ort sichtbar. Dort sehen wir, dass man in den sich wandelnden Nöten wachsam bleibt für die Bedürfnisse armer Menschen. Angefangen bei konkreten Nahrungsmitteln, aber auch in Sachen Pflegemittel oder Bekleidung. Unserer Pfarrei St. Gertrud ist auch noch eine Schuldnerberatung angeschlossen und eine Hausaufgabenhilfe für die Kinder bedürftiger Familien. Das ist ein Hilfesystem, das sehr weit greift und auch sehr tief geht. Und von dem ich sagen kann: Sosehr ich es beklage, dass so etwas notwendig ist, so sehr bin ich auch stolz, dass wir als Christen fähig sind zu helfen und dass es so viele sind, die mitmachen. Und ein Stück weit übernehmen Tafeln damit auch Formen von gemeinsam getragener Verantwortung, wie wir sie früher in Großfamilien hatten.«

ICH BIN STOLZ DARAUF, DASS WIR ALS CHRISTEN FÄHIG SIND ZU HELFEN UND DASS ES SO VIELE SIND, DIE MITMACHEN.
Franz-Josef Overbeck

Auf seine Heimat lässt der Geistliche nichts kommen, trotz des schlechten Images, das »der Pott« beim Rest der Republik hat. Clankriminalität, Parallelgesellschaften und drückende Armut sind nur einige Aspekte. Als Symbol des Niedergangs will Overbeck das Ruhrgebiet nicht akzeptieren. »Das Ruhrgebiet zeigt vor allen Dingen, dass Integration funktioniert«, sagt er deutlich.

Ich schaue ihn etwas verwundert an, weil ich auch andere Beispiele vor Augen habe. Er sieht das und reagiert: »Was aber nicht bedeutet, dass es an den Ecken und Rändern dieser gelungenen Integrationspolitik nicht auch Sachen gibt, die nicht funktionieren. Und in den vielen Diskussionen, die ich anderswo im Land führe, muss ich immer wieder sagen, dass das, was ich dort über Migranten höre, hier im Ruhrgebiet Alltag ist und ich die scheinbaren Probleme so nicht bestätigen kann. Ich kann viel Gelungenes bestätigen – und an den Rändern viele Probleme.«

Und Overbeck wird noch deutlicher: »Ich mag diese Empörungshysterie überhaupt nicht. Die Leute reden das Ruhrgebiet schlecht, dabei hat es das gar nicht verdient. Anscheinend glaubt man, wenn man sich auf etwas konzentriert, das nicht funktioniert, könne man von diesem Standpunkt aus die gesamte Wirklichkeit beschreiben. Aber das ist schlichtweg falsch.«

Er nimmt auch explizit Politik und Wirtschaft in die Verantwortung, spricht von Sozialpolitik, von Arbeitsmarkt-, Wohnungs- und Verkehrspolitik. Und von einem regelnden, aber nicht regulativ auftretenden Staat. »Von daher denke ich, dass die Arbeit der Kirchen ein ergänzendes Mittel ist, gerade für die Menschen am Rande, die von anderen schon gar nicht mehr gesehen werden.«

Ich komme noch einmal ganz generell auf Religionen zu sprechen und auf das Christentum im Speziellen. Auf der einen Seite wird unsere Gesellschaft zunehmend säkularer. Religion spielt im Alltag vieler Menschen keine Rolle mehr. Schaut man am Sonntag in die klassische Kirchengemeinde vor Ort, bleiben viele Bänke leer. Und die, die den Gottesdienst besuchen, sind überdurchschnittlich alt. Auf der anderen Seite suchen Menschen nach Sinn und Spiritualität: Schamanismus, Yoga, Naturreligionen und ein boomender Esoterik-Markt sind dafür deutliche Zeichen. Übrigens ebenso wie die Zahl von freikirchlichen Gemeinden, die mit ihrem klaren Regelwerk scheinbar einfache Antworten auf eine immer komplexer werdende Welt bieten. Die Kirche erscheint dabei oft veraltet und nicht mehr relevant.

Overbeck gibt mir recht, mahnt aber auch dazu, den Blick von Deutschland zu lösen und sich die Weltkirche anzuschauen. 23 Millionen Katholiken gibt es in Deutschland, mit sehr liberalen Vorstellungen von Sexualmoral, Gesellschaft, Gleichstellung. Einen »Sonderfall« nennt der Bischof das – im Vergleich zu den mehr als 1,3 Milliarden Katholiken weltweit. »Wenn Sie sich den Katholizismus im Weltmaßstab anschauen, ist er sehr unterschiedlich. Da gibt es auf viele Bereiche hin keinen öffentlich diskutierbaren gemeinsamen Nenner. Schauen Sie nur nach Polen, was dort – auch im Namen des Christentums und der Kirche – politisch getrieben wird. Gehen Sie nach Afrika, gehen Sie nach Asien. Gerade im Hinblick auf Geschlechterrollen oder Homosexualität. Wir müssen hochgradig ambiguitätsfähig und ambivalenzfähig sein. Das ist eine hohe Kulturleistung.«

Obwohl ich Protestant bin, kann ich mich der Wirkung nicht entziehen, die der Bischof ausstrahlt. Damit kann ich aber gut leben, denn sie entstammt vor allem seiner Persönlichkeit und nicht so sehr dem Amt, das er bekleidet. Er ist ein aufmerksamer Zuhörer, seine Antworten sind klug und klar positioniert, ohne jedoch die Gegenseite diskreditieren zu wollen. Erst jetzt fällt mir auf, dass wir uns mit unseren schwarzen Sakkos und den breiten Ringen am Finger schon ein wenig ähneln. Okay, der Bischof mag vielleicht etwas weniger wiegen als ich – aber dafür bin ich auch einige Zentimeter kleiner.

Wir kommen langsam zum Ende unseres Gesprächs – es ist die Osterwoche, übermorgen ist Karfreitag, da hat der Bischof einen vollen Terminkalender. Ich möchte mit ihm noch über das Ehrenamt sprechen und über eine sich scheinbar immer stärker spaltende Gesellschaft. Ist es nicht eine Gefahr, dass der Staat sich auf all jenen Menschen ausruht, die sich ehrenamtlich engagieren? Und ist es nicht auch erniedrigend für diejenigen, die solche Hilfen in Anspruch nehmen müssen?

UNENDLICH SIND DIE FINANZIELLEN MITTEL DER KIRCHE NICHT. WIR STOSSEN AN UNSERE GRENZEN UND KÖNNEN MANCHE DINGE EINFACH NICHT MEHR BEZAHLEN.
Franz-Josef Overbeck

Was diesen Punkt angeht, ist der Bischof ein Pragmatiker: »Ich kann mir gut vorstellen, dass Menschen sich erniedrigt fühlen, wenn sie beispielsweise zu den Tafeln gehen. Das ist aber nichts, was ich bekämpfen kann. Höchstens kann ich mich politisch dafür einsetzen, dass gewisse Regeln der Sozialhilfe verändert werden. Auf der anderen Seite ist die Tatsache, dass es solche Hilfsmöglichkeiten gibt, aber auch ein gutes Zeichen. Wir helfen mitten in der Gesellschaft. Dort, wo Hilfe notwendig ist.«

Ich bohre etwas ketzerisch nach: Ist denn die katholische Kirche nicht unendlich reich und könnte selbst viel mehr tun? Er schaut mich an und beschreibt die negativen Folgen, die der Mitgliederschwund der Kirchen in diesem Zusammenhang mit sich bringt: weniger finanzielle Mittel nämlich. Und das eine oder andere Hilfsangebot, das damit auf der Strecke bleibt: »Unendlich sind unsere finanziellen Mittel nicht. Wir stoßen in dieser differenzierten Gesellschaft an unsere Grenzen und können manche Dinge einfach nicht mehr bezahlen. Das allerdings erst auf einem sehr hohen Niveau. Wir tun ja sehr, sehr viel. Hier ist einfach das angesagt, woran wir Christen glauben, nämlich dass niemand zurückgelassen werden darf. Schließlich ist das Ehrenamt auch ein verbindendes Element in dieser Gesellschaft und Nächstenliebe eine Kernbotschaft unseres christlichen Glaubens. Diese Hilfe führen wir sichtbar durch eigene Tafeln und unterstützt durch viele Ehrenamtliche mit zum Erfolg. Wenn man in diesem Zusammenhang von Erfolg sprechen darf.«

Vielleicht liegt es an der vorösterlichen Zeit und am nahenden Karfreitag, der einem ja auch immer ein wenig die eigene Vergänglichkeit bewusst werden lässt. Aber mir kommt gerade der verstorbene Musiker Prince in den Sinn. Als er starb, dauerte es nur kurze Zeit, bis seine Hinterbliebenen sein gesamtes Vermächtnis verkauft, verstreut und versteigert hatten. Was bleibt am Ende noch von einem? Ich bin jetzt 53. Was wird von mir bleiben? Oder von den Präsidenten, den Führern und Diktatoren, die jetzt an der Macht sind, sich für unersetzlich halten und auch so auftreten? Jedenfalls nichts Materielles. Das ist der Punkt, an dem die Kirchen aus meiner Sicht manchmal ihr eigenes Geschäftsmodell vergessen.

WAS BLEIBT, IST HOFFENTLICH DER BEITRAG,
DEN MAN ZU EINER FRIEDVOLLEN UND HUMANEREN
GESELLSCHAFT BEIGESTEUERT HAT.

Franz-Josef Overbeck

Overbeck schaltet bei dieser Bemerkung sofort vom kritischen Gesellschaftsbeobachter in den spirituellen Seelsorge-Modus um. Ein Terrain, auf dem er punkten kann: »Ja, genau. In dieser Hinsicht ist der Glaube eine wunderbare Relativitätstheorie der eigenen Wichtigkeit. Was bleibt, ist hoffentlich der Beitrag, den man zu einer friedvollen und humaneren Gesellschaft beigesteuert hat. Und vielleicht noch zu einer Geschlechterfolge – wenn Sie denn Kinder haben –, die die Zukunft besser gestalten wird. So tut jeder seinen Dienst.«

Diese Worte spricht er ganz ruhig und gelassen aus, aus einem tiefen und echten Glauben heraus. Und wie es sich für einen Ruhrbischof gehört, nicht ohne ein kleines Augenzwinkern: »Und das ist alles gut, denn so interessant sind wir beide als Einzelperson doch auch gar nicht.«

Sich selbst nicht allzu wichtig zu nehmen fällt uns in einer sich immer stärker individualisierenden Gesellschaft zunehmend schwerer. Wo Followerzahlen, Likes und Reichweite als Währung der sozialen Medien gesehen werden, käme solch eine Aussage wahrscheinlich nicht gut an. Aber der Bischof hat natürlich recht. Wer sich weniger mit sich selbst beschäftigt, bleibt offener für das große Ganze. Und auch für die realen Sorgen und täglichen Nöte anderer Menschen.

Als ich den Bischofssitz verlasse, gehe ich durch die City, sehe Obdachlose und Bettler. Einige von ihnen, so hat Overbeck mir erzählt, kennt er mit Namen – das Bischofshaus gibt täglich belegte Brote an zahlreiche Bedürftige aus. Ich sehe die Trinkerszene an ihrem Treffpunkt. Abgehängte, darunter viele junge Menschen, die keine Hoffnung mehr auf ein besseres Leben sehen und die sich in ihrer Armut eingerichtet haben. Nein, zwischen Duisburg und Dortmund ist längst nicht alles gut. Aber Overbeck hat auch in einem recht: In diesem Ballungsgebiet, in dem auf engstem Raum ungefähr so viele Einwohner wie in Berlin und München zusammen leben, gibt es auch jede Menge Solidarität, Engagement und positive Beispiele dafür, wie gesellschaftliches Leben im Kleinen funktioniert.

»In der echten Not sind religiöse Hintergründe völlig egal«, hat er während unseres Gesprächs eingeworfen. Trotz all der unglaublichen Missbrauchs- und Finanzskandale, trotz verkrusteter und veralteter Machtstrukturen und einem teils fragwürdigen Frauenbild – die Kirchen sind wichtige Akteure, wenn es um Wohltätigkeit, soziale Hilfe und gesellschaftliches Engagement geht. Für dieses Engagement haben sie Respekt verdient.

Es ist gut, dass die Kirchen nach wie vor die abgehängten Menschen – die Schwachen und Ausgegrenzten – im Blick haben, denn Nächstenliebe und Hilfe sind der Kern ihrer Berufung. Eine moderne Kirche kann sich dabei nicht nur auf Traditionen oder ihre Geschichte verlassen, wenn sie beispielsweise die neuen Generationen erreichen will. Und das Engagement für andere Menschen ist dabei vielleicht sogar ein stärkerer Anziehungspunkt als modernere Gottesdienstformen oder neues Liedgut.

Ich bleibe gespannt.

MACHBAR:
Sparen und Lebensmittel retten in der MHD-Ecke

Inzwischen bietet so gut wie jeder Supermarkt Produkte zu reduzierten Preisen an, die kurz vorm Erreichen des MHD sind. Insbesondere im Kühlregal finden Sie häufig einen Bereich mit Waren wie Joghurt oder Milch. Wenn Sie wissen, dass Sie das Produkt zeitnah verzehren wollen, können Sie zugreifen. Das reduziert direkt die Lebensmittelverschwendung und Sie sparen sogar noch ein paar Cent beim Einkauf.

»DAS HUNGERGEFÜHL BIN ICH NIE RICHTIG LOSGEWORDEN«

TIM RAUE

Essen – also die Nahrungsaufnahme, nicht die Stadt im Ruhrgebiet, in der ich zufällig lebe – ist existenziell. Wer nicht isst, stirbt. Und doch ist Essen so viel mehr als nur überlebenswichtig. Essen kann Gemeinschaft sein, Genuss, Kommunikation, Luxus, Glücklich- oder Sattmacher und Auszeit vom Alltag. Wer allerdings Hunger leidet, dem ist dies alles herzlich egal, der will vor allen Dingen erst einmal: keinen Hunger mehr haben.

Heute treffe ich mich in Berlin mit jemandem, der wie kaum ein anderer alle Facetten von Essen kennt. Es ist Tim Raue: bester deutscher Koch, weltweit unter den Top-50-Köchen gelistet. Fernsehgesicht. Legendäre Duelle mit Tim Mälzer. Im Restaurant »Tim Raue« in der Rudi-Dutschke-Straße gibt es Sterne-Küche oder besser gesagt: Zwei-Sterne-Küche. Die Klischees von kleinen, teuren Portionen auf riesigen Tellern, serviert von affektierten Kellnern, sucht man allerdings vergeblich. Im Leben des erfolgreichen Kochs gab es auch ganz andere Zeiten.

Alles beginnt in seiner Kreuzberger Kindheit. Die ist schwer. Seine Mutter ist überfordert, sein Vater prügelt ihn. Ab dem 10. Lebensjahr ist Tim Raue auf sich allein gestellt und muss für sich selbst kochen, macht nämlich sonst keiner. Ein paar Jahre später landet er bei den »36 Boys«, einer legendären Kreuzberger Gang. Es folgt eine Straßenkarriere aus dem Bilderbuch: Drogen, Gewalt, Kriminalität.

Wie fühlt es sich für solch einen Menschen an, wenn er heute eine Mahlzeit für eine Summe verkauft, von der andere Menschen einen halben Monat leben könnten? Wie geht man mit diesen Widersprüchen um? Luxus-Essen auf der einen Seite und immer mehr Menschen, die auf die Hilfe der Tafeln angewiesen sind, auf der anderen. Was bedeuten Tim Raue Lebensmittel und das Handwerk des Kochens? Wie viel Willen benötigt man für eine Karriere? Was kann man jungen Menschen aus sozial schwachen Familien mit auf den Weg geben, damit sie nicht die schmerzhaften Umwege gehen müssen, die Raue gegangen ist? Und vor allen Dingen: Wie schafft man es raus aus dem Getto?

Ich freue mich sehr auf unser Gespräch, das wir in seinem Büro im Hinterhof des Restaurants führen. »Wir können unten auch gern Fotos machen«, sagt Raue, stellt aber direkt klar: »Reden müssen wir hier oben. Wenn ich unten bin, haben wir keine 30 Sekunden Zeit, bevor ich von irgendwem angesprochen werde.«

Okay, so ist das wohl, wenn man ein erfolgreiches Gastronomieunternehmen führt. Sein Büro ist schlicht. Industrie-Loft-Charme mit rohem Betonboden, Sofaecke und viel leerem Raum. Deko findet nicht statt. Doch! An der Wand hängt ein Bild. Ich blicke in zwei Pistolenläufe, gehalten von John Travolta und Samuel L. Jackson. Pulp Fiction. Popkultur.

Ich lasse mich in das bequeme Sofa fallen, Raue sitzt mir gegenüber, hoch konzentriert, er lässt sich ganz auf dieses Gespräch ein. Er ist eine dieser Personen, die bei allem, was sie tun, immer 100 Prozent geben. Mindestens. Und bereits bei meiner ersten Frage ist da dieses typische Tim-Raue-Lachen: nicht gekünstelt, nicht zurückhaltend, sondern robust-dreckig. Ein ehrliches In-die-Fresse-Lachen. Der Grund ist meine

restaurant
TIM RAUE

Feststellung, dass er als Kind in deutlich schlechteren Verhältnissen lebte, als er es heute tut. Und dass damals wahrscheinlich niemand eine müde Mark auf seine Karriere gewettet hätte.

Voraussetzungen, wie sie auch bei den mehr als 500.000 registrierten Tafelkindern und -jugendlichen zu finden sind. »In meinem Fall waren die Grundvoraussetzungen sicher alles andere als ideal«, beschreibt Raue seine Kindheit. »Aber sie haben mir auch bestimmte Charaktereigenschaften fürs Leben mitgegeben, die mich dahin gebracht haben, wo ich heute stehe. Wille, Ehrgeiz und die Kraft, etwas Eigenes zu gestalten.«

Voraussetzungen, die er bei vielen jungen Menschen – auch aus scheinbar gutem Hause – vermisst. »Ich habe jedes Jahr mindestens ein Dutzend Eltern vor mir stehen, deren Kinder, wie man so schön sagt, aus dem besten Stall kommen. Es sind meistens Jungs zwischen zehnter und elfter Klasse, und sie machen nicht, was ihre Eltern wünschen. Die werden also nicht in die Investmentfirma ihres Vaters einsteigen oder seinen Stahlbaubetrieb übernehmen. Kinder, die mit dem goldenen Löffel im Hintern – oder Mund – geboren wurden. Aber was diesen Jungs oftmals fehlt, ist der Wille!«

DAS GEFÜHL, NICHTS ZU ESSEN ZU
HABEN UND HUNGER ZU LEIDEN, IST
SEHR DEMÜTIGEND. DAS FÜHRT ZU EINER
AUSGRENZUNG, DIE DIR SIGNALISIERT:
DU BIST NICHTS WERT!

Tim Raue

Was mich an Tim Raue sofort fasziniert, ist seine druckreife Eloquenz. Er drückt sich präzise aus. Jeder Satz ist ein Statement. Da gibt es keine Füllwörter, keine Ähs und keine Sätze, die im Nichts enden. Perfektionismus und der absolute Wille, in jedem Bereich bestmögliche Ergebnisse zu erreichen, zieht sich durch das ganze Leben des Sternekochs. Er berichtet etwas ausführlicher von seiner Kindheit, in der Demütigungen, emotionale Vernachlässigung und körperliche Misshandlungen zum Alltag gehörten. Wenn ein Zehnjähriger seine Wäsche selbst waschen muss, aus dem Restefach im Kühlschrank sein Mittagessen kocht und immer wieder Hunger leidet, dann sind das Lasten, die ein Kind nicht tragen sollte. »Das Gefühl, nicht wirklich etwas zu essen zu haben und Hunger zu leiden, ist sehr demütigend«, gibt der 45-Jährige zu. »Das führt zu einer Ausgrenzung, die dir signalisiert: Du bist nichts wert! Du bist nicht Teil von dem, was wir sind. Aber wer legt das eigentlich fest? Ich habe mich früh dafür entschieden zu sagen: Fickt euch alle! Ich mache etwas, das mich glücklich macht. Dieses Hungergefühl bin ich übrigens nie richtig losgeworden. Das ist etwas, woran ich ständig arbeiten muss.«

Essen ist für Raue auch heute nicht mit Entspannung und Zurücklehnen verknüpft, sondern immer mit dem Gefühl des Hungers und der daraus resultierenden Gier. Eine Gier, die sich durch seinen Alltag zieht. »Das können Sie auf mein ganzes Leben übertragen. Ich habe zu Hause ein Trockenlager. Wenn ich einkaufe, kaufe ich nicht eine Dose oder eine Flasche. Ich lege Vorräte an. Ich habe von allem immer sechs Pakete, Dosen, Flaschen, weil da stets der Gedanke ist: Es gibt keine nächste Gehaltszahlung und ich habe nicht genug Geld.«

Ich erinnere mich an eine Erfahrung, die ich in meiner Tätigkeit als Sozialarbeiter gemacht habe. Wir feierten Weihnachten mit einer Gruppe Obdachloser in Ludwigsburg. Wie es sich gehört, stellte ich mich als Letzter in die Schlange am Buffet. Als ich schließlich an der Reihe war, war das Buffet komplett leer. Ein paar Deko-Salatblätter und eine einzelne Krokette waren übrig. Ich drehte mich um und sah unsere Gäste mit Stapeln voller Fleisch zu ihren Tischen gehen. Fleisch war für diese Klientel purer Luxus, den es sich zu sichern galt.

Mit 23 Jahren wird Raue erstmalig Küchenchef, mit Mitte 30 ist er kulinarischer Direktor bei der Adlon Holding. Heute betreut er eine ganze Reihe von Gastronomiebetrieben als kulinarischer Berater, demnächst eröffnet er ein Restaurant gemeinsam mit Günther Jauch. Meine Feststellung, dass er es geschafft hat, wird wieder von seinem rustikalen Lachen begleitet. »Ja, das glauben Sie. Von außen sieht das alles toll aus.«

Ich möchte wissen, ob der Erfolg ihn verändert hat oder ob er immer noch weiß, woher er kommt. »Es ist lustig, dass Sie das ansprechen, denn ich bin gerade in einer Phase, in der ich mich frage, wer ich eigentlich bin und wo ich hingehöre. Du kannst den Jungen von der Straße holen, aber du kriegst die Straße nicht aus dem Jungen. Ich habe mir vernünftiges Deutsch beigebracht, ich habe gelernt, mich so zu artikulieren, dass man meine soziale Herkunft nicht mehr hört und mir auch nicht ansieht. Aber ich lebe sie und bin sie. Ich bin sie in jeder Sekunde meines Daseins. Ich habe einfach so eine Grundanspannung in mir, die sich immer um das Existenzielle dreht. Ich mache nichts einfach nur so. Alles hat in meinem Leben seinen Platz und ich kämpfe für alles. Für jede Kleinigkeit.«

WIR GEBEN MILLIARDEN FÜR BÜROKRATIE AUS UND WIR VERGESSEN, WAS WIR EIGENTLICH SIND: EIN ZUSAMMENSCHLUSS VON MENSCHEN, DIE SICH GEGENSEITIG UNTERSTÜTZEN MÜSSEN.

Tim Raue

Dieser Kampfgeist brachte ihn zu den berüchtigten »36 Boys«, eine Kreuzberger Gang aus überwiegend türkisch- und kurdischstämmigen Jugendlichen, die bis Mitte der 1990er-Jahre den Kiez rund ums Kottbusser Tor fest in ihrer Hand hatten. »Ich war damals ein umgekehrtes Migrationsprojekt und mit Jugendlichen zusammen, die diese Gesellschaft nicht integriert hat«, erinnert sich Raue. »Die Gang war der absolute Familienersatz. Ich hatte diese unfassbare Aggressivität in mir und bin so vom Opfer zum Täter geworden, jemand, der nie zurückgesteckt hat. Ich habe dann in unzähligen Therapien gelernt, dass ich nichts mehr zu verlieren hatte. Das ist ein Zustand, den ich in unserem Land für absolut untragbar halte.«

Damit insbesondere die vielen Jugendlichen mit Migrationshintergrund eine echte Chance auf Integration haben, wünscht er sich ein Patensystem nach kanadischem Vorbild. Einen Mentor, der die Jugendlichen an die Hand nimmt, sie bei Ämtergängen unterstützt, ein Auge darauf hat, in welchen Kreisen sie verkehren, und darauf achtet, dass sie die deutsche Sprache beherrschen – der Schlüssel für gelingende Integration schlechthin.

Von der deutschen Gesellschaft erwartet er etwas mehr Selbstbewusstsein: »Wir geben Milliarden für verschissene Bürokratie und Verwaltung aus und wir vergessen, was wir eigentlich sind: ein Zusammenschluss von Menschen, die die unterstützen müssen, die nicht über den Intellekt, den Ehrgeiz oder die Kraft der anderen verfügen. Aber das haben wir verloren. Wir haben die Gleichberechtigung, die Sexualität spielt keine Rolle, die Hautfarbe auch nicht. Wenn Menschen in dieses Land kommen, haben sie die Möglichkeit auf Arbeit, wir haben ein halbwegs funktionierendes Sozialsystem, hier kann man es mit eigener Leistung schaffen. Darauf können wir stolz sein. Aber das alles erzählen wir niemandem.«

Raue weiß, dass Wirtschaft und Gesellschaft auf Arbeitskräfte aus dem Ausland angewiesen sind. Allein in Berlin gibt es mehrere Tausend offene Stellen in Hotellerie und Gastronomie. Vom Pflegenotstand ganz zu schweigen. Und er spricht sich für radikale Integration aus. »Wer hier ankommt, muss sofort integriert werden und einen Job bekommen. Wenn Sie mich in ein Land stecken, in dem ich 18 Monate nicht arbeiten darf, dann werde ich mir ein Einkommen sichern, das definitiv aus anderen – kriminellen – Quellen stammen wird. Also müssen wir die Menschen an die Hand nehmen, ihnen zeigen, dass sie mit uns einen Weg gehen können, und ihnen gleichzeitig die nicht verhandelbaren Werte dieses Landes vermitteln. Wir sind alle global und offen aufgewachsen, sprechen mindestens zwei, drei Sprachen – oftmals fließend. Wir bereisen die Welt und sind tolerant. Ich finde, dass unser Land ein Role Model ist.«

WIR MÜSSEN DIE MENSCHEN AN DIE HAND NEHMEN, MIT IHNEN DEN WEG GEHEN UND IHNEN GLEICHZEITIG DIE NICHT VERHANDELBAREN WERTE DIESES LANDES VERMITTELN.

Tim Raue

Trotz dieser eindeutig vorhandenen Werte in unserem Land, die der Sternekoch aufzählt, liegt insbesondere in der Kinder- und Jugendarbeit einiges im Argen. In sozial schwachen Familien fehlt vielfach die Unterstützung seitens der Eltern. Einige Kinder schaffen durch Bildung, Fleiß und Willen den Aufstieg, bei vielen anderen funktioniert das nicht. Auch, weil Förderer fehlen oder Entdecker, die in einem Kind aus armen Verhältnissen eben nicht nur das Hartz-IV-Kind sehen, sondern dessen Potenziale und Stärken erkennen. Paten auf dem Weg ins Leben – im besten Sinne. Doch es gibt viel zu wenige, die ein Auge auf jene Kinder und Jugendliche haben, die einfach mehr Unterstützung benötigen.

Vor zwei Jahren stellten sich die Tafeln in einer Kampagne als »Orte der Begegnung« vor, an denen sich die unterschiedlichsten gesellschaftlichen Gruppen treffen. Solche Orte werden immer seltener. Gesellschaftliche Schichten bleiben zunehmend unter sich – man umgibt sich mit seinesgleichen. Segregation nennen die Experten dieses Phänomen, das in den USA bereits zu sogenannten »Gated Communities« führt – von der Außenwelt abgeriegelte Wohngebiete, in denen die meist gut verdienenden Bewohner unter sich bleiben.

Auch deswegen bricht Raue immer wieder bewusst aus dem Kreis der Feinschmecker aus und geht dorthin, wo das echte Leben weniger schöne Geschichten schreibt. Er unterstützt soziale Projekte mit Geld- und Sachspenden und versucht jungen Menschen eine Perspektive zu geben. Ausführlich will er darüber aber gar nicht reden. Er macht es einfach. »Sich für jemanden Zeit zu nehmen und ihm zuzuhören ist sehr wichtig. Oftmals ist es ja so, dass gerade diese Jugendlichen niemanden haben, mit dem sie über ihre Sorgen, Nöte, Wünsche und Träume reden können.

Unterstützung heißt auch immer: ein gutes Feedback zu geben. So etwas hilft Jugendlichen aus sozial schwachen Schichten. Bei denen ist oftmals keine Disziplin vorhanden, weil sie an diese Disziplin nicht gewöhnt sind. Regeln zu vermitteln ist elementar wichtig. Was ich im Umgang mit Jugendlichen gelernt habe, ist, Verständnis zu haben, aber auch klare Grenzen zu setzen.«

Wenn Raue diesen Jugendlichen begegnet, redet er immer auch von seiner eigenen Vergangenheit. »In meinem Fall war es mein Großvater, der sich diese Zeit genommen hat und mir guten Input gab. In Stadtvierteln mit hoher Arbeitslosigkeit muss schon in Kindergärten und Schulen mit der Sozialarbeit angesetzt werden, denn wenn Mami und Papi zwei Drittel des Tages besoffen vor dem Fernseher hängen, ist das nicht die beste Voraussetzung. Wir als Gesellschaft müssen diesen Jugendlichen zeigen, dass sie deswegen nicht ausgegrenzt werden und dass sie die gleichen Möglichkeiten haben wie andere auch.«

Den sozial Schwachen zu helfen sollte Raues Meinung nach eine der obersten Prioritäten des Staates sein. Das Argument der zu hohen Kosten lässt er nicht gelten. Und auch hier ist er wieder ganz nah an seinen eigenen Erfahrungen: »Warum können wir das als Gesellschaft nicht leisten? Wir leisten uns so viel Scheiße, wir haben so viel Mist. Politiker fliegen

Businessclass, wir verschwenden Milliarden an Bürokratie und jeder Piss wird gestempelt und kontrolliert. Aber den Menschen schätzen wir nicht mehr. Und das verstehe ich nicht. Ich bin der Sohn einer alleinerziehenden Frau gewesen, die nicht in der Lage war, sich vom Staat helfen zu lassen. Aber nur weil jemand dazu nicht in der Lage ist, dürfen wir ihn doch nicht auf der Straße verrecken lassen. Das sind wir uns selbst schuldig.«

NUR WEIL JEMAND NICHT DAZU IN DER LAGE IST, SICH VOM STAAT HELFEN ZU LASSEN, DÜRFEN WIR IHN DOCH NICHT AUF DER STRASSE VERRECKEN LASSEN.
Tim Raue

Im Jahr 2018 rettete die Tafel rund 264.000 Tonnen Lebensmittel – ein Bruchteil dessen, was produziert wurde, aber nicht in den Handel kam, was aussortiert und weggeschmissen, was untergepflügt oder als Tierfutter zweckentfremdet wurde. Aber auch beim Endverbraucher fehlt es inzwischen oft am Wissen um Lebensmittel. Oder einem gewissen Gespür für die Wertigkeit von Produkten. Das beliebte Rinderfilet ist dafür ein gutes Beispiel, sagt Tim Raue. Ein ausgewachsener Jungbulle von 350 Kilogramm bringt gerade einmal drei bis fünf Kilogramm dieser Spezialität hervor. Für das Weihnachtsessen im Kreis der Familie stirbt also unter Umständen ein ganzes Tier, dessen übrige Bestandteile auch irgendwie verwertet werden müssen.

Entsprechend groß ist der Respekt, den der Profikoch Lebensmitteln entgegenbringt. »Ich hatte das Glück, am Anfang meiner Karriere auf den Küchenchef Franz Raneburger zu treffen, der ganz einfach auf einem Bauernhof aufwuchs. In der Küche hat er auf jedes Fitzelchen geachtet. Wenn ich Kräuter gezupft hatte, die schönen Blätter beiseitelegte und den Rest in die Tonne warf, stand er direkt neben mir und fragte, warum ich das wegschmeiße. Was jetzt von meinen Berlin-Mitte-Kumpels propagiert wird – nose to tail, also alles verwerten –, damit bin ich durch Raneburger in der Küche aufgewachsen. Das hat mich geprägt. Wenn ich heute durch die Küche gehe, habe ich den Blick nicht nur auf den Tellern und den

Posten, sondern immer auch auf dem Mülleimer. Und wenn ich sehe, dass da etwas wegfliegt, was wir noch verarbeiten können, dann sage ich das einmal, beim zweiten Mal gibt es schon einen üblen Anschiss und beim dritten Mal scheppert es.«

WIR HABEN DIE GANZEN ALLERGIEN UND UNVERTRÄGLICHKEITEN DOCH NUR, WEIL WIR TIEFKÜHLMIST FRESSEN. WARUM BRINGEN WIR UNSEREN KINDERN NICHT BEI, WAS GESUNDE ERNÄHRUNG BEDEUTET?

Tim Raue

Dieses Wissen um Lebensmittel und deren Zubereitung ist in der heutigen Zeit leider vielfach verloren gegangen, weswegen unter anderem auch die Tafel seit Langem für ein verbindliches Schulfach »Lebensmittelkunde« plädiert. Raue unterstützt das, hebt hervor, dass eine einseitige Ernährung auch gesundheitliche Folgen haben kann, und nimmt die Nahrungsmittel-Wirtschaft mit in die Verantwortung: »Was die Lebensmittelindustrie in den vergangenen 40, 50 Jahren mit uns angestellt hat, ist schlimm. Wir haben die ganzen Allergien und Unverträglichkeiten ja nur, weil wir den Scheiß gefressen haben. Weil wir Tiefkühlpizza fressen, die kein Mensch braucht. Wo Hefen drin sind, von denen wir überhaupt nichts wissen. Ohne Essen und Trinken verrecken wir. Warum zur Hölle kümmern wir uns in diesem Land nicht darum, als Erstes unseren Kindern beizubringen, was gesunde Ernährung bedeutet?«

Unser Gespräch neigt sich dem Ende zu – der Arbeitstag von Raue ist lang und voll. Er erzählt noch ein wenig von seiner Liebe zu Amerika, von Freiheit und Eigenverantwortung. Und von seiner Heimat Kreuzberg: »Ich bin kein Berliner, ich bin Kreuzberger. Hier gibt es diesen besonderen Geist, dagegen zu sein, nicht alles hinzunehmen, was einem der Staat so vorsetzt, eigene Wege zu finden und eine gewisse Form der individuellen Anarchie für sich selbst zu finden.« Doch auch Solidarität und gegenseitige Hilfe hat er in dem Bezirk kennengelernt und festgestellt, dass es gar nicht immer darauf ankommt, was man zurückbekommt, sondern dass das Geben an sich, das Teilen mit anderen, glücklich machen kann.

Beim Rausgehen frage ich ihn noch, was er, der es weg von der Straße geschafft hat, Jugendlichen raten würde, die sich in ähnlicher Lage befinden und die bisher keinen Ausweg gefunden haben. Seine Antwort ist ein Plädoyer für den Willen, für Ehrgeiz und die individuelle Persönlichkeitsentwicklung. »Als Allererstes musst du dich selbst ändern. Du musst morgens in den Spiegel gucken und dich fragen, wen du siehst und was du bist. Wir können uns jeden Tag neu erschaffen. Aber du musst in dich investieren, du musst jeden Morgen anfangen und jeden ganzen Tag dafür kämpfen. Nicht 7,5 Stunden. Den ganzen Tag. Kämpfen bedeutet jeden Tag alles zu geben.«

Auf dem Weg zum Bahnhof denke ich noch über das Treffen nach. Mir imponieren Raues immens große Willensstärke, die Disziplin und Selbstaufgabe, mit denen er es bis ganz nach oben geschafft hat. Aber nicht jeder hat diese Ressourcen. Für diese weniger starken Menschen braucht es Unterstützung, um sie in ihren Fähigkeiten zu fördern. Aber auch hier spricht der Sternekoch Klartext und legt mit rustikalen Kraftausdrücken den Finger in die offenen Wunden unserer Gesellschaft. Etwas, was ich in der Politik manchmal vermisse.

MACHBAR:

Sollen wir es Ihnen einpacken?

Gott sei Dank ist es inzwischen in vielen Restaurants und Gaststätten üblich, dass man gefragt wird, ob die Reste eingepackt werden sollen. Falls nicht, fragen Sie selbst nach. Wenn die Portion beim Chinesen, Italiener oder Griechen einfach zu groß war, sollte das Ihnen nicht peinlich sein. Im Gegenteil: Alles, was Sie auf dem Teller lassen, wandert ansonsten in den Müll. In den Vereinigten Staaten spricht man in diesem Zusammenhang gern von einem »Doggy Bag«, obwohl natürlich jeder weiß, dass die Reste in der Regel nicht für den Hund, sondern fürs Herrchen gedacht sind.

»EIN BISSCHEN REALITÄT AUF INSTAGRAM«

HENRIETTE EGLER

Meine heutige Verabredung führt mich nach Sachsen-Anhalt an den Rand des Harzes. In Quedlinburg werde ich Henriette Egler treffen. Sie wird – nach Sabine Werth – die zweite große Ausnahme in diesem Buchprojekt werden, denn genau wie die Berliner Tafel-Vorsitzende schaut auch Henriette Egler nicht von außen auf die Organisation: Sie ist selbst Kundin. Auf unser Treffen freue ich mich, denn die 30-Jährige hat es im Internet zu einiger Berühmtheit gebracht. Mehr als 15.000 Menschen folgen ihrem Instagram-Account, auf dem sie Rezepte teilt, die sie aus ihren Tafel-Tüten kreiert.

Vor dem Treffen mache ich aber noch einen kleinen Abstecher zur Quedlinburger Tafel. Ich versuche so oft wie möglich die Ehrenamtlichen vor Ort zu besuchen. Denn Wertschätzung ist die wichtigste Währung im Ehrenamt.

Die Ausgabestelle ist in einem ehemaligen Gefängnis untergebracht. Seit 1840 wurden hier Verbrecher eingesperrt – während des Dritten Reiches und zu DDR-Zeiten aber auch viele Unschuldige. Die Kritzeleien an den Zellenwänden und -türen des denkmalgeschützten Gebäudes lassen auch heute noch die Tragödien erahnen, die sich hier drinnen abspielten. Namen stehen dort, das Alter, der Familienstand und manchmal auch der Grund, warum jemand eingesperrt wurde.

Die bedrückende Stimmung verfliegt in den Untergeschossen und in einem Nebengebäude, in denen sich die Tafel ausgebreitet hat. Es gibt die Lebensmittelausgabe, eine Kleiderkammer, eine Möbelbörse und einen Mittagstisch mit warmen Mahlzeiten zum kleinen Preis. Der ist immer gut besucht. Das Team ist nett. Bürgerschaftliches Engagement, wie es sein soll.

Nach diesem Besuch treffe ich Henriette Egler in ihrer Altbauwohnung, in der es quicklebendig zur Sache geht: Zwei der drei Kinder sind daheim, ein Kater huscht durch den Flur. Pralles Leben, wie ich es mag. Die 30-Jährige ist ganz bewusst mit ihrem Partner in einen Altbau gezogen. Sie spricht von schlechten Erfahrungen in einem der allgegenwärtigen Plattenbauten hier im Osten. Und vom Ärger mit dem Amt, das lieber die Miete in einem solchen Betonklotz übernommen hätte. Seit ein paar Jahren ist sie Tafel-Kundin, es geht nicht anders. Ihr Lebensgefährte ist noch in der Ausbildung, dazu drei kleine Kinder, das jüngste noch nicht im Kindergarten. Da reicht das Geld nicht aus.

VIELE MENSCHEN DENKEN BEI TAFEL-KUNDEN AN JEMAND ASOZIALEN, DER SEIN LEBEN NICHT IM GRIFF HAT. DIESES BILD WILL ICH AUFWEICHEN.
Henriette Egler

Wir sitzen am runden Esstisch und sprechen über das richtige Leben und die Scheinwelt Instagram. Die haben ja beide nicht sehr viel gemeinsam. Altbauwohnung auf Instagram: Stuckdecken, hohe Räume, Parkett.

Altbauwohnung im echten Egler-Leben: Spielzeug auf dem Boden, jede Menge Schuhe im Flur – wie es halt so aussieht in einer Familienwohnung mit drei Kindern. Ich möchte von ihr zum Einstieg wissen, wie man das eigentlich übereinanderbekommt, die Scheinwelt Instagram und die harte Realität in einer ostdeutschen Mittelstadt.

»Auf Instagram sieht man ja nicht das echte Leben. Ich bringe da ein bisschen Realität rein«, sagt sie ehrlich. »Die Tafeln an sich werden positiv gesehen, aber viele Menschen haben ein negatives Bild im Kopf, wenn sie an die Tafel-Kunden denken. Da ist dann gleich das Klischee vom asozialen Menschen in den Köpfen, der sein Leben nicht im Griff hat. Dieses Bild will ich aufweichen und zeigen, dass es letztendlich jeden treffen kann.«

Sie spricht von den unterschiedlichen Menschen, die sie bei der Tafel trifft. Und dass es eben nicht »den typischen Tafel-Kunden« gibt: »Da ist der Mensch, der krank geworden ist und deshalb nicht mehr arbeiten gehen kann. Es gibt die alleinerziehenden Mütter, die das Angebot der Tafel nutzen. Es gibt die Familien, in denen der Vater ewig angestellt war, nun arbeitslos ist und nichts Neues findet, weil er schon zu alt ist. Es gibt nicht die eine Geschichte.«

Dem kann ich nur zustimmen. Was diese Menschen aber alle vereint, ist die Tatsache, dass niemand von ihnen es als hip oder trendy empfindet, Tafelkunde zu sein. Foodsharing und Mülltauchen in den urbanen Szenebezirken der Großstadt ist eine Sache – zur Tafel zu gehen eine ganz andere. Dass weiß auch die junge Mutter und macht deshalb ganz bewusst das Spiel in den sozialen Medien mit: Alle zwei Wochen präsentiert sie ihre Tafel-Tüte, breitet den Inhalt aus, macht schöne Fotos davon und listet genau auf, was sie erhalten hat und wie sie es verwerten wird. Anders als bei anderen Instagram-Accounts geht es ihr aber nicht um die Selbstdarstellung. Sie hat ihren Followern etwas mitzuteilen: »Ich glaube, dass Aufklärung ganz wichtig ist«, erklärt Henriette Egler und unterbricht kurz unser Gespräch, weil die Tochter ihr die soeben angelegte Autogramm-Sammlung zeigen will. Auch ich werde um eine Unterschrift gebeten und muss ein bisschen grinsen. Das Töchterlein zieht zufrieden davon, weiter geht es im Gespräch.

VIELE MENSCHEN DENKEN JA, WENN SIE EINEN ABGELAUFENEN JOGHURT ESSEN, FALLEN SIE DIREKT TOT UM. WENN ES NORMAL AUSSIEHT, NORMAL RIECHT UND NORMAL SCHMECKT – ESST ES OHNE BEDENKEN.

Henriette Egler

»Ich hatte schon die Idee, ob man nicht so einen Kurs machen könnte, in dem man beispielsweise Joghurts präsentiert, die über dem Mindesthaltbarkeitsdatum liegen. Viele Menschen denken ja, wenn sie einen abgelaufenen Joghurt essen, fallen sie direkt tot um«, sagt sie und macht deutlich, dass es ihr ein echtes Anliegen ist, ihr Wissen zu teilen und zu verbreiten. »Da ist einfach ganz viel Unwissenheit. Die Menschen wissen es teilweise einfach nicht besser. Und wenn man es nicht weiß, dann schmeißt man die Sachen halt weg. Deshalb mein Account auf Instagram und mein Blog, wo ich seit drei Jahren darauf hinweise: ›Hier, schaut euch das MHD an. Das esse ich noch.‹ Und dann melde ich mich immer wieder und zeige, dass ich es überlebt habe.«

Manchmal testet die Bloggerin dabei auch Grenzen aus: »Ich glaube, der älteste Joghurt, den ich gegessen habe, war acht Monate über dem MHD. Der war lecker und total okay. Warum hätte ich den wegschmeißen sollen?« Dieses Vertrauen auf die eigenen Sinne lebt sie auf Instagram vor und bekommt viele positive Rückmeldungen von ihren Abonnenten. Auch die fangen an, ihr Konsumverhalten zu überdenken, trauen sich an »Abgelaufenes« und werfen dadurch letztendlich weniger weg.

Eglers klug-lapidarer Ratschlag: »Wenn es normal aussieht, normal riecht und normal schmeckt – esst es ohne Bedenken. Wenn man es geöffnet hat und Schimmel drauf ist, kann es immer noch weggeschmissen werden.« In Anbetracht der Tatsache, dass ein Großteil der weggeworfenen Lebensmittel in Privathaushalten anfällt, ein Appell, der nicht oft genug wiederholt werden kann.

Diese sehr wertschätzende Einstellung Nahrungsmitteln gegenüber hat die 30-Jährige aber auch nicht immer gehabt. Erst die knappen finanziellen Möglichkeiten und die Erfahrungen bei der Tafel führten bei ihr

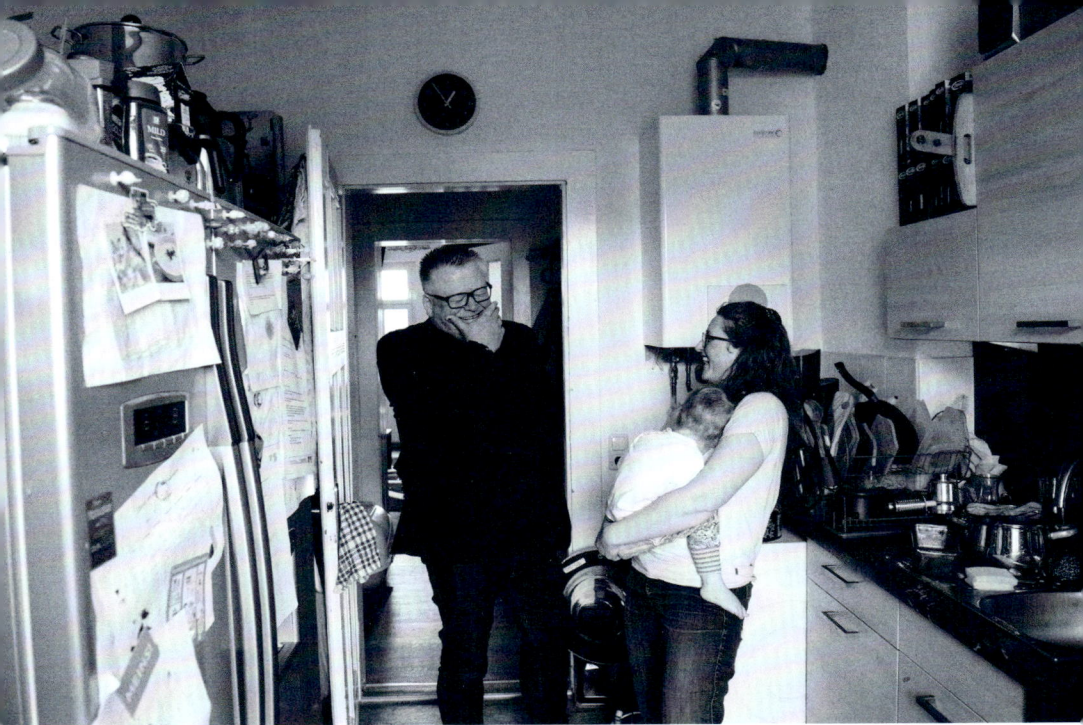

zu einem Umdenken: »Bevor ich zur Tafel gegangen bin, habe ich mich gar nicht mit dem Thema auseinandergesetzt.« Sie blickt auf ihre kleine Tochter, die gerade ein Fachgespräch mit dem Fotografen führt, der mich auf meiner Reise begleitet. Es geht um Kameratechnik.

»Mir war Lebensmittelverschwendung absolut egal. Ich bin ja von Eltern aus der Nachkriegsgeneration erzogen worden. Das waren Menschen, die mit dem Nahrungsmangel der Kriegs- und Nachkriegsjahre aufgewachsen sind, für die war das reichhaltige Essen wichtig. Nach den dürren Zeiten kamen die 1960er-, 1970er- und 1980er-Jahre, da gab es alles im Überfluss. Und in dieser Überflussgesellschaft wurde einfach konsumiert und nicht hinterfragt. Viel von allem zu haben war wichtig. Und diese Konsumhaltung haben sie an ihre Kinder weitergegeben. Da wurde nicht probiert oder geschaut, wie die Wurst eigentlich aussieht. Wenn sie über dem Mindesthaltbarkeitsdatum war, wurde sie weggeschmissen.«

Sie zuckt mit den Achseln. »Am Anfang war das bei der Tafel für mich total schrecklich. Man kommt dorthin und bekommt Sachen, die dieses magische Datum überschritten haben. Das ist dann schon schwierig, diesen angelernten Schweinehund zu überwinden und es einfach mal zu probieren. Ich habe für mich rausgefunden, dass die Sachen alle noch in Ordnung sind. Die kann man teilweise Wochen oder Monate später noch essen. Ohne Problem oder Einschränkungen.«

Den urbanen Hype um das Thema Lebensmittelrettung mit Reste-Restaurants in den Szenevierteln von Hamburg und Berlin sieht die junge Frau wider Erwarten nicht kritisch – auch wenn es Welten sind, die Quedlinburg und den Prenzlauer Berg von einander trennen. Sie ist pragmatisch. Und Lebensmittelretterin durch und durch: »Diese Leute haben ja durchaus auch einen Grund, warum sie das tun. Ich finde es gut, denn jeder einzelne Mensch, der sich für dieses Thema einsetzt, ist wichtig. Ob das ein Hipster ist, der einfach auf der Trendwelle mitschwimmt, oder der Student, der keine Kohle hat und deswegen Mülltauchen geht. Das hat alles seine Berechtigung. Weil einfach zu viel weggeworfen wird.«

JEDER EINZELNE MENSCH, DER SICH FÜR DIESES THEMA ENGAGIERT, IST WICHTIG. WEIL EINFACH ZU VIEL WEGGEWORFEN WIRD.
Henriette Egler

Bei manchen Auswüchsen muss allerdings auch sie die Stirn runzeln: »Natürlich lächle ich auch darüber, wenn mir jemand ganz stolz erzählt, dass er jetzt auch die Basilikumstängel rettet – die sollen ja auch nicht in den Müll. Da denke ich mir schon: Ernsthaft? Wir fangen jetzt bei Basilikumstängeln und Möhrengrün an? Da gibt es doch andere Dinge, die viel wichtiger sind. Aber bitte.«

Mit ihrem Blog möchte Henriette Egler ihren Lesern auch Wissen um Lebensmittel, deren Verarbeitung und Eigenschaften vermitteln. Eine Kulturtechnik, die in den vergangenen Jahrzehnten spürbar weniger geworden ist. Es gibt nicht wenige Schulkinder, die inzwischen nicht mehr wissen, wie ein Kohlrabi aussieht, wie eine Pflaume schmeckt oder dass ein Thunfisch mehrere Hundert Kilo wiegen kann. Ein Grund, warum wir von der Tafel auch immer wieder dafür plädieren, ein Fach »Lebensmittelkunde«

in den Schulunterricht aufzunehmen. Zumal dies in zwei Richtungen wirken würde: Die Schüler wären besser auf die eigene Zukunft vorbereitet und könnten gleichzeitig noch ihre Eltern motivieren, vielleicht öfter einmal selbst zu kochen, statt die Tiefkühlpizza in den Ofen zu schieben.

Dogmatisch ist die junge Mutter dabei aber keinesfalls. Für Schimpftiraden über Fixprodukte ist sie nicht zu haben: »Meine Mutter hat gekocht, da habe ich mir auch vieles abgeschaut, aber angefangen habe ich mit Maggi-Fix-Tüten. Ich verstehe nicht, warum so viele Menschen behaupten, das wäre kein Kochen. Ich schneide das Gemüse, ich brate das Fleisch an und am Ende schenke ich mir nur einen Arbeitsschritt – ich würze nicht selbst, sondern nehme das Fix-Produkt. Und wenn ich diesen einen Schritt dann noch austausche und selbst ein paar Gewürze dazugebe, ein bisschen Salz und Pfeffer, dann habe ich ein komplett eigenes Gericht gekocht. Deshalb finde ich an solchen Tüten-Produkten eigentlich nichts Verwerfliches.«

Immer wieder ermuntert sie ihre Abonnenten dazu, die Komfortzone zu verlassen und Neues auszuprobieren. Auch dazu hat sie genügend eigene Erfahrungen: »Wenn ich ein Gemüse bekomme, das ich noch nie hatte und das ich nicht kenne, dann überlege ich, was man damit machen könnte und wie es am besten zu verarbeiten wäre. Zum Beispiel Fenchel. Ich kannte Fenchel immer nur als Tee«, sagt sie lachend. »Und selbst den trinke ich eigentlich nicht. Dann hat man aber diesen Fenchel in der Tafel-Tüte und muss sich fragen, was man damit anfängt. Ich habe ihn in eine Sahnesoße gegeben und mit Spaghetti serviert. Das war superlecker.«

Obwohl Henriette Egler inzwischen eine gewisse Medienpräsenz hat, als »Vorzeige-Arme« durch die Fernsehsender gereicht wird und Rezeptanfragen für Kochbücher bekommt, empfinde ich sie als zutiefst authentisch und natürlich. Sie spricht von Bequemlichkeit, Unwissenheit und dem Willen, den man aufbringen muss, um sich mit Neuem auseinanderzusetzen. Da ist kein Neid auf die scheinbar glücklichen durchgestylten Leben auf Instagram. Sie ruht ganz in sich. Hier in Quedlinburg. Und ist trotz der nicht einfachen Lebensumstände mit sich im Reinen.

»Das möchte ich noch mal ganz deutlich sagen: Ich fühle mich nicht arm. Wir haben ein Dach über dem Kopf, wir haben genug zu essen, wir sind eine glückliche Familie, wir sind gesund«, sagt sie und zeigt damit ganz klar auf, worin das Wesentliche im Leben besteht. »Da gibt es deutlich ärmere Menschen als uns. Menschen, die auf der Straße leben müssen, Menschen, die nichts zu essen haben, Menschen, die krank sind. Das sind für mich arme Menschen. Insofern stellt sich für mich die Frage gar nicht, ob ich eine ›Vorzeige-Arme‹ bin. Wir haben jetzt gerade sicherlich keine gute finanzielle Situation, aber das finde ich nicht belastend oder schlimm.«

ICH FÜHLE MICH NICHT ARM. WIR HABEN EIN DACH ÜBER DEM KOPF, WIR HABEN GENUG ZU ESSEN, WIR SIND EINE GLÜCKLICHE FAMILIE, WIR SIND GESUND.
Henriette Egler

Ihrer Tochter wird es langsam langweilig, mit dem Fotografen ist sie fertig und möchte zur Mama. Ich möchte von Egler zum Abschluss wissen, ob sie auch negative Kritik kennt. Wenn man sich so in der Öffentlichkeit präsentiert und sich ganz selbstbewusst mit seinen finanziellen Schwächen zeigt, dann könnte ich mir vorstellen, dass es auch Anfeindungen gibt. Gerade in den sozialen Medien wird ja gern übers Ziel hinausgeschossen und es werden Aussagen gepostet, die man sich von Angesicht zu Angesicht sicher nicht an den Kopf werfen würde.

Die 30-Jährige kennt das Problem natürlich und versucht es so wenig wie möglich an sich heranzulassen. Auch wenn es manchmal schwerfällt: »Mir hat ja mal jemand in die Kommentare geschrieben, was ich denn für eine Asi-Mutter sei. Ich würde meinen Kindern von Anfang an zeigen, wie sie auf Kosten des Staates leben könnten. So etwas trifft mich tierisch! Ich wusste gar nicht, wie ich damit umgehen sollte. Ich habe dann einen Screenshot von dem Kommentar gemacht und meine Follower gefragt, ob sie das auch so sehen würden. Oder ob ich mich zu Unrecht angegriffen fühlen würde. Daraufhin kam sehr viel Rückendeckung und Unterstützung. Ich habe über zweihundert Nachrichten bekommen, die mir beistanden und mit rieten, mir solche Kommentare nicht so zu Herzen zu nehmen.«

Zum Abschluss möchte ich von ihr wissen, wie es in ihrer Wahrnehmung eigentlich so ist bei den Tafeln. Unser Motto heißt schließlich: Orte der Begegnung. Sie erzählt von Freundschaften, die sie über die Tafel geschlossen hat, und vom gut besuchten Mittagstisch, den ich ein paar Stunden zuvor ja auch live miterlebt habe. Dann aber lacht sie: »Es gibt schon so gewisse Typen von Kunden: Da sind die Ellenbogenmenschen, die ganz klar sagen, dass sie heute als Erstes drankommen. Und dann gibt es die, die so denken wie ich: na und?« Sie zuckt mit den Schultern. »Wir haben ja ein Nummernsystem. Daran erkennen die Mitarbeiter, wie viele Leute an dem jeweiligen Tag kommen, und können entsprechend einschätzen, wie viele Lebensmittel sie an die einzelnen Kunden ausgeben können. Es ist also absolut egal, ob ich als Erste oder Letzte in der Schlange stehe – alle bekommen die gleiche Auswahl. Ich bin eher der Typ Mensch, der sich hinten in die Schlange einreiht – egal welche Nummer ich habe. Weil es definitiv genügend Lebensmittel geben wird. Und egal, ob es viel oder wenig ist, ich freue mich immer. Ich schätze auch kleinste Tafel-Tüten.«

Bereits im Treppenhaus fällt mir noch eine Frage ein. Was sie sich wünschen würde, wenn sie einen Wunsch frei hätte. »Gesundheit!«, sagt sie wie aus der Pistole geschossen.

Ich wundere mich ein wenig und hake nach, ob es nicht vielleicht auch der Sechser im Lotto wäre. »Nein. Was soll ich mit Geld anfangen, wenn ich vielleicht an Krebs sterbe? Gesundheit ist wichtiger als alles andere«, antwortet sie.

Im Bummelzug nach Magdeburg habe ich viel Zeit, über das Gespräch nachzudenken. Über Genügsamkeit, Wertschätzung und die Fähigkeit, das Beste aus seinem Leben zu machen. Über Zufriedenheit. Über kleine Realitätssplitter unter der makellosen Haut der Instagram-Welt. Und über das echte Leben. Eine Sitzreihe hinter mir scheppern die Böhsen Onkelz aus den Bluetooth-Boxen eines Halbstarken. Es ist mir egal.

MACHBAR:

Kurz vor drüber kreativ

Lebensmittel – insbesondere Obst und Gemüse – verändern sich während der Lagerung. Die einst grüne Banane wird braun, das Lauch welk und die Paprika schrumpelig. Aber auch damit kann man noch prima Gerichte zubereiten. Neben dem Klassiker Apfelmus gibt es zahlreiche weitere Möglichkeiten und Zubereitungsformen: Smoothies, Cremesuppen, Eingekochtes. Henriette Egler hat in ihrem Blog viele Rezepte gesammelt, die sich für Obst und Gemüse eignen, das die beste Zeit bereits hinter sich hat. https://lanisleckerecke.de/

»WORAUF ES WIRKLICH ANKOMMT, IST MITMENSCHLICHKEIT«

DR. THOMAS MIDDELHOFF

Steigt man in Düsseldorf aus dem Zug und geht ein paar Schritte, findet man sich schnell in einer anderen Welt wieder. Das japanische Geschäftsviertel liegt nur wenige Meter vom Hauptbahnhof entfernt. Frisöre, Sushibars und Buchhändler werben in japanischer Schrift, die Deko in den Schaufenstern der Läden ist minimalistisch-asiatisch, auf der Immermannstraße trägt man geschäftigen Business-Style. Anzüge, Smartphones, Hände, die nach Taxis winken. Wären hier zehnmal so viele Menschen, die Straße könnte auch in Tokio liegen.

Ich denke über Parallelgesellschaften nach und frage mich, was sie eigentlich auszeichnet und wo genau die Grenze verläuft, an der ein lebendiger, kultureller Hotspot kippt und beginnt, sich unabhängig von der Mehrheitsgesellschaft zu entwickeln. In Düsseldorf käme niemand auf die Idee, von einer Parallelgesellschaft zu reden, obwohl die mehr als 6.500 hier lebenden Japaner eine große und deutlich sichtbare Community darstellen.

Wo fängt Integration an? Wo driftet sie in Assimilation ab. Und wie kann die eigene kulturelle Identität in der Fremde bewahrt werden? An dieser sich ständig verändernden Grenze entscheidet sich, ob ein Zusammenleben funktioniert oder scheitert.

Die Begriffe »scheitern« und »Parallelgesellschaft« passen sehr gut zu meinem heutigen Gesprächspartner. Über den Dächern der Medien- und Modestadt werde ich einen Mann treffen, der über viele Jahre in einer Parallelwelt lebte. Ein Mann, der scheiterte, der ins Gefängnis kam und den viele Menschen mit Begriffen wie »skrupellos«, »eiskalt« und »gierig« beschreiben. Es ist Dr. Thomas Middelhoff, Ex-Vorstandvorsitzender der Bertelsmann AG, Ex-Superreicher mit eigener Jacht, Ex-Wirtschaftsführer. Und jetzt auch: Ex-Häftling in der Privatinsolvenz. Und laut übereinstimmender Medienberichte ganz anders als früher. Ist das alles nur Show? Oder eine echte Persönlichkeitsveränderung? Ich bin gespannt.

Die Lounge im oberen Geschoss des Hotels ist menschenleer. Alles hier leicht alternativ, aber irgendwie schick. Abends legen hier DJs auf, die Servicekräfte haben Tattoos, moderne Kunst an den Wänden. Ich bin wie fast immer etwas zu früh vor Ort und schaue über Düsseldorf, während ich auf Dr. Middelhoff warte. Dann betritt er den Raum und schaut sich fast ein wenig schüchtern um. Dunkler Pulli, darunter ein weißes Hemd. Sportlich-klassisch.

Wir setzen uns auf die Barhocker und beginnen unser Gespräch. Als Erstes möchte ich von ihm wissen, ob wir uns vor 15 Jahren wohl begegnet wären. Er als supererfolgreicher Topmanager, der rund um die Welt reist, ich als Normalo und Vorsitzender bei der Tafel. Zwei Welten, die sich nicht zwangsläufig berühren müssen.

Er überlegt kurz. »Ich weiß es wirklich nicht. Ganz ausschließen würde ich es nicht, weil ich immer eine christliche Prägung hatte und mir die Not von Menschen schon irgendwie naheging. Und nein, weil es da einen vollgepackten Terminkalender gab. Ich war sehr fremdbestimmt. Und ich hatte damals sicher nicht den Blick für die wirklich wichtigen Dinge im Leben. Das, womit Sie sich befassen, ist für mich heute ein zentrales Thema. Damals habe ich das nicht so gesehen.«

Sehr ruhig sitzt er mir gegenüber. Die Unterarme liegen auf der Tischkante, die Hände sind gefaltet. Wenn er spricht, formuliert er seine Sätze nahezu druckreif. Die arrogante Ausstrahlung, die mich früher sehr negativ berührt hat und die man aus alten Fernsehbeiträgen von ihm kennt, ist irgendwie weg. Er wirkt ernsthaft und ein wenig zurückhaltend. Ich wundere mich fast ein wenig darüber, wie angenehm es für mich ist, mit ihm hier zu sitzen.

Dabei stand Thomas Middelhoff lange für all die Verfehlungen eines größenwahnsinnigen Managements im frei drehenden Spätkapitalismus: Bonuszahlungen im dreistelligen Millionenbereich. Hubschraubernutzung für Kurztrips inklusive. Kontakt zu allen politischen und wirtschaftlichen Entscheidern weltweit: George Bush, Jeff Bezos, Bill Gates, Steve Jobs. In dieser Liga spielte auch Dr. Thomas Middelhoff.

Ich spreche ihn auf die Brüche in seiner Biografie an – nicht auf den ganz großen, mit Prozess, Gefängnis und schwerer Krankheit, sondern auf die kleineren: gläubiger Katholik und engagierter Familienvater auf der einen Seite. 20-Stunden-Tage, skrupellose Geschäftsentscheidungen, ausgebrannte Mitarbeiter auf der anderen – der »Middelhoff-Mitarbeiter-Friedhof« ist sogar mir in diesem Zusammenhang ein Begriff. Wie passt das zusammen?

IRGENDWANN WAR ICH SO, WIE DIE ÖFFENTLICHKEIT SICH DEN PROTOTYP DES MANAGERS VORSTELLT: REIST IN SEINEM JET UM DIE WELT. MACHT DINGE, DIE UNHEIMLICH SIND. IST EIN EISKALTER TYP.

Dr. Thomas Middelhoff

Middelhoff schaut mich sehr gerade an: »Ja, das ist schon ein komplexes Bild, nicht wahr? Ein Mensch ist ja nie zu Ende geformt. Bei mir war es so: Ich habe schon eine klassische katholisch-konservative Prägung durch mein Elternhaus mitbekommen. Dann macht man so als junger Mann seine Karriere oder versucht es zumindest. Und die hat mich ziemlich schnell ziemlich weit nach oben getragen. Irgendwann war ich dann der Prototyp des Managers. Und zwar so, wie die Öffentlichkeit sich diesen im negativen Sinne vorstellt: Reist in seinem Jet um die Welt. Macht Dinge, die unheimlich sind. Ist ein eiskalter Typ. Ein großer Teil davon traf sicherlich auf mich zu. Manager, die ständig mit viel Einfluss, Macht und Geld jonglieren, laufen immer Gefahr, dass sie in einem schleichenden Prozess anfangen, Fehler zuzulassen. Fehler, die dazu führen, dass sie sich charakterlich negativ verändern. Das ist bei mir passiert. Und ich habe es nicht bemerkt. Zumal ich ja noch einen Mentor als Vorbild hatte, den ich eifrig zu kopieren versuchte. Auch wenn das nicht dem entsprach, was ich an Werten von meinem Elternhaus mitbekommen habe.«

Schließlich erlebt er in der Folge dieser Fehlentwicklungen einen Absturz von epischer Dimension. Der Tag, der sein Leben auf den Kopf stellt, ist der 14. November 2014. Das Landgericht Essen verurteilt den Manager wegen Untreue und Steuerhinterziehung zu drei Jahren Haft. Noch im Gerichtssaal wird Middelhoff festgenommen. Sein neues Heim ist eine Einzelzelle: vier mal zwei Meter. Wegen angeblicher Suizidgefahr gibt es nachts eine viertelstündliche »Lebendkontrolle«. Er überlebt nur knapp eine lebensgefährliche Erkrankung, verliert sein gesamtes Vermögen und letztlich auch seine langjährige Ehe.

Doch in diesem brutalen Scheitern auf allen Ebenen hat er letztlich sein Glück gefunden, sagt Middelhoff. Weil er sich, komplett zurückgeworfen auf sich selbst, nach langem Hadern und Nicht-wahrhaben-Wollen einer ehrlichen Analyse unterziehen und feststellen musste: Ich habe völlig danebengelebt. Im Gefängnis und besonders in der Arbeit mit behinderten Menschen, die er als Freigänger ableistete, fand er zurück zu seinem verschütteten Glauben und sortierte sein komplettes Wertegerüst neu. Heute, mit 66, möchte er die ihm noch verbleibenden Jahre dazu nutzen, seine Erfahrungen, sein Wissen und auch sein Scheitern zum Wohl anderer einzusetzen und sie davon abzuhalten, seine Fehler zu wiederholen.

Ein Geläuterter also, dem ich trotz meiner vorherigen Zweifel seine tief greifende Veränderung irgendwie abnehme – zumindest versuche ich es. Ich bin gespannt, wie er aus heutiger Sicht die Rolle und auch die Macht beurteilt, die Unternehmen in unserem Land haben. Manche behaupten ja, dass es gar nicht die Politikerinnen und Politiker sind, die dieses Land regieren, sondern die Bosse der globalisierten Wirtschaft und ihre Lobbys. Wir haben in Deutschland, je nach befragter Statistik, zwischen 12 und 18 Millionen von Armut betroffene oder bedrohte Menschen. Wir haben 500.000 Kinder und Jugendliche. Wir haben eine Zuwanderung, die nicht wirklich geordnet ist. Sind an diesen Missständen und Fehlentwicklungen auch Unternehmen schuld, die ihre Macht missbrauchen? Ich frage Middelhoff danach, der es schließlich wissen muss.

ICH KONNTE MICH ALS BERTELSMANN-CHEF DIREKT ZUM PRÄSIDENTEN DURCHSTELLEN LASSEN. DAMALS FAND ICH DAS GUT. AUS HEUTIGER SICHT MACHT ES MIR ANGST.

Thomas Middelhoff

Er sieht besonders die allzu große Macht kritisch, die die großen Medienunternehmen haben. Und er bestätigt auch, dass Wirtschaftsbosse oft mehr Einfluss auf politische Entscheidungen haben, als wir Normalbürger ahnen: »Ich konnte mich als Bertelsmann-Chef direkt ins Weiße Haus durchstellen lassen und mit dem amerikanischen Präsidenten sprechen. Das muss man sich mal vor Augen führen! Damals fand ich das gut. Aus heutiger Sicht macht es mir Angst.«

Middelhoff erzählt von Politikern im Wahlkampf, die ihn zu Gesprächen und kleinen halb privaten Zusammenkünften einluden. Vordergründig zum Netzwerken, tatsächlich ging es aber um viel mehr. Langsam bekomme ich eine Vorstellung davon, wie Politik eben auch funktioniert. Middelhoff nickt achselzuckend. »Ich glaube heute, dass die Nähe – auch die persönliche Nähe – zwischen Wirtschaftsführern und politischen Entscheidungsträgern viel zu eng ist.«

Gleichzeitig sieht er in der Politik einen Fehler, den es in der so oft zitierten freien Wirtschaft niemals gäbe: das Fehlen eines knallharten Leistungsprinzips. »Es herrscht da viel zu wenig Verantwortungsethik. Wo gibt es denn heute noch das Eingeständnis von Fehlern und Fehlentscheidungen? Bei der Migrationsfrage sind teilweise katastrophale Fehler gemacht worden. Da gibt es aber niemanden, der sich hinstellt und öffentlich sagt, dass er etwas falsch eingeschätzt hat. Und dann passiert es in der Politik ja oftmals noch, dass diejenigen, die Wahlen verlieren und die irgendwie nicht wirklich performt haben, mit einem Ministeramt beglückt werden. Wenn ich mir unseren Außenminister Maas anschaue, der seine Wahl im Saarland mit dem schlechtesten Ergebnis der SPD vergeigt und dafür mit dem Posten des Justizministers belohnt worden ist, um anschließend Außenminister zu werden und für einen Monat den UNO-Sicherheitsrat zu leiten ... Also, das sind Dinge, bei denen ich nur den Kopf schütteln kann.«

Mit dieser Meinung ist der ehemalige Wirtschaftsboss sicherlich ziemlich nah bei Lieschen Müller und Otto Normalverbraucher. Es ist spürbar, wie sehr ihn das Thema Politik bewegt. Er gestikuliert lebhaft, die Stimme wird eine Spur lauter, da sind Emotionen im Spiel.

Was er machen würde, wenn er Bundeskanzler wäre und frei entscheiden dürfte, möchte ich von ihm wissen. Er antwortet wie aus der Pistole geschossen, und das, was er sagt, deckt sich mit den Wünschen vieler politikverdrossener Menschen: Vertrauen zurückgewinnen, für Glaubwürdigkeit und Ehrlichkeit sorgen und damit dem wachsenden Populismus das Wasser abdrehen. Ich muss mich kurz daran erinnern und kneifen, dass ich hier nicht mit einem Gewerkschafter oder einem Attac-Aktivisten zusammensitze, sondern mit einem Mann, der bis vor einigen Jahren selbst einer von den »Bösen« war und mit Milliarden jonglierte. Bei aller positiven Wahrnehmung auch irgendwie schwierig.

Jenseits dieser großen Begriffe hat er aber auch ganz konkrete Ideen, wie es in diesem Land vielleicht besser laufen könnte: Sozialreform, Rentenreform, Justizreform. Er lacht: »Aber damit würde ich wirklich keine Wahl gewinnen.«

Insbesondere die Sicherung der Renten und die wachsende Altersarmut machen ihm Sorgen. Ähnlich wie in der Klimafrage steuert Deutschland auch beim Thema Rente auf immense Herausforderungen zu, die aber irgendwie ausgeblendet werden. Niemand wagt sich an einen wirklich großen Wurf, an mutige Schritte – wahrscheinlich eben: weil man damit keine Wahl gewinnen kann.

»Wir müssen uns darüber klar werden, dass die Renten spätestens im Jahr 2060 nicht mehr finanzierbar sein werden. Blüms Satz, dass die Renten sicher seien, war die größte Lüge aller Zeiten. Niemand weiß, wie später einmal die Alterssicherung aussehen wird. Wir brauchen eine echte Rentenreform, die eine nachhaltige Stabilität in unserer Gesellschaft erzeugen kann. Ich kann und will mich nicht mit dem Gedanken abfinden, dass heute eine Frau, die durchgängig berufstätig war, von einer Rente leben muss, die das Existenzminimum bedeutet. Oder sogar darunterliegt, wenn man genau hinguckt. Es muss einen gewissen Lebensstandard für jeden geben. Und Armut unter einem bestimmten Niveau darf vom Staat nicht zugelassen werden. Weil wir sonst Dynamiken in unserer Gesellschaft entwickeln, die wir meiner Meinung nach nicht mehr beherrschen können. Einmal ganz von der ethischen Verpflichtung abgesehen.

Wenn Menschen keine Perspektive haben, dann rutschen sie auch häufiger in die Kriminalität ab. Im Gefängnis habe ich viele solcher Menschen kennengelernt und war tief erschüttert von ihren Geschichten.«

Die Bedingungen in der Haft schildert er als »schlecht«, die Rückfallquoten extrem hoch; auch ein Grund, warum ihm eine Justizreform so wichtig erscheint und er sich für eine wirkliche Resozialisierung von Häftlingen stark macht.

ICH KANN UND WILL MICH NICHT MIT DEM GEDANKEN ABFINDEN, DASS EINE FRAU, DIE DURCHGÄNGIG BERUFSTÄTIG WAR, VON EINER RENTE LEBEN MUSS, DIE DAS EXISTENZMINIMUM BEDEUTET.

Thomas Middelhoff

Ihm ist klar, dass diese Rentenstabilität nicht ohne Zuwanderung funktionieren kann, die ihre eigenen Probleme mit sich bringt. »Möglicherweise muss man auch die eine oder andere unliebsame Wahrheit aussprechen. Integration funktioniert nicht in wenigen Monaten. Das ist totaler Unsinn. Wenn ich mal einen kritischen Blick auf die Vergangenheit werfe – als ich so etwa zehn Jahre alt war, kamen die ausländischen Gastarbeiter, und die sind zum Teil ja bis heute nicht integriert. Mein Paradebeispiel ist die türkische Herzchirurgin, die mich in der Klinik in Duisburg operiert hat. Sie ist als Chirurgin absolute Weltklasse. Aber zu Hause lebt sie als Türkin. Da wird türkisch gesprochen, das ganze Sozialverhalten ist kulturell geprägt, sie darf nicht zu Terminen, ohne dass ihr Bruder sie begleitet. Deutschland ist kein Land, in das man problemlos integriert wird. Die USA haben als Einwanderungsland eine ganz andere Tradition. Hier in Deutschland werden Sonntagsreden gehalten, aber die Arbeit überlässt man Leuten wie Ihnen und Ihrer Organisation.«

Ich komme noch mal zurück zu der Frage, wie Unternehmen stärker in die soziale Verantwortung genommen werden können. Das ist auch für Middelhoff ein großes Anliegen: »Da gäbe es so viele Möglichkeiten! Ein Beispiel sind vielleicht die völlig überzogenen Rentenbezüge im oberen

Management. Anders als viele finde ich nicht die hohen Gehälter von Topmanagern das Problem, sondern die Renten, die sie beziehen und die meist im mittleren sechsstelligen Bereich liegen – monatlich! Man sollte doch meinen, dass jemand, der dreißig oder mehr Jahre lang immense Gehälter bezogen hat, genug Rücklagen für eine ordentliche Rente bilden konnte. Statt also diese Unsummen an eine Person zu zahlen, könnte man davon Hunderten von Rentnern einen menschenwürdigen Ruhestand ermöglichen. Aber man muss das natürlich auch wollen. Und das wiederum setzt gewisse innere Erkenntnisse voraus, die jungen Managern nicht vermittelt werden.«

Diesen Ansatz erklärt er auch gleich: »Heute würde ich schon in der Entwicklung junger Führungskräfte andere Schwerpunkte setzen. Ich möchte gerade einer jüngeren Generation von Managern und Nachwuchskräften ein wenig die Augen öffnen, worauf man achten muss, um nicht die gleichen dämlichen Fehler zu machen, die ich gemacht habe. Diese Fehler liegen ja nicht im fachlichen Bereich. Die Fehler liegen in der Persönlichkeitsentwicklung. Und das war mein großes Manko.«

Er bringt den Begriff der Demut ins Spiel – dem Mut zum Dienen, den er den Nachwuchskräften ganz neu ans Herz legen möchte. »Ich sage immer scherzhaft, dass ich mein soziales Jahr leider erst mit über sechzig

Jahren gemacht habe. In der Arbeit mit den Menschen in Bethel habe ich erst begriffen, worauf es wirklich ankommt. Auf Beziehungen, auf Liebe, auf Mitmenschlichkeit. Wie anders hätte ich mich wohl entwickelt, wenn ich das als junger Mensch schon so hautnah verstanden hätte?«

Wenn er heute noch mal in einer Führungsposition wäre, würde er einige Monate in einer sozialen Einrichtung als Standard in der Ausbildung junger Manager verordnen, sagt er. Damit sie begreifen, dass wirtschaftliche Erträge und schicke Bonuszahlungen nicht das sind, worauf es ankommt. Und daraus dann andere, sozialverträglichere Arten entwickeln und leben würden, wie ihre Unternehmen sich einbringen und nachhaltig dem Land und den Menschen dienen könnten.

»So etwas kann man nicht theoretisch vermitteln oder von außen verordnen. Das hätte auch bei mir damals nichts bewirkt. Man muss es erleben, spüren, begreifen. Und dann die großen Chancen sehen, die man als junge Führungskraft in der Wirtschaft ja durchaus hat, etwas zum Besseren zu verändern. Wenn man sich in seinem Charakter nicht korrumpieren lässt ...«

IN DER ARBEIT MIT BEHINDERTEN MENSCHEN HABE ICH ERST BEGRIFFEN, WORAUF ES WIRKLICH ANKOMMT. AUF BEZIEHUNGEN, AUF MITMENSCHLICHKEIT. WIE ANDERS HÄTTE ICH MICH WOHL ENTWICKELT, WENN ICH DAS ALS JUNGER MENSCH SCHON VERSTANDEN HÄTTE?

Thomas Middelhoff

So dramatisch die vergangenen Jahre für den ehemaligen Manager auch waren, er kann heute immer noch auf Ressourcen zurückgreifen, die andere Menschen nie hatten. Er hat Netzwerke, Freunde, die helfen, sein Wissen und seine Begabungen sind immer noch – und neu – gefragt. Viele unserer Kundinnen und Kunden bei der Tafel haben das alles nicht. Da wird Armut ebenso vererbt wie Perspektivlosigkeit. Das ist ein schwerwiegender Unterschied zu Menschen in seiner Situation.

Middelhoff stimmt mir zu und sagt: »Aber auch da sind es die oben erwähnten Werte, die den Unterschied machen können: Mitmenschlichkeit und Beziehungen. Als ich ganz unten war, waren es andere Menschen, die mir die Kraft gegeben haben, mich wieder aufzurappeln. Und das ist ja auch eine der ganz großen Stärken der Tafeln, dass sie Begegnungen und Hilfestellung auch über die reinen Lebensmittel hinaus ermöglichen. Das ist ein unschätzbar wertvolles Potenzial.«

Er erzählt von einer Hamburger Kirchengemeinde, deren Gottesdienste er regelmäßig besucht. »Ich gehe bewusst am Sonntag um 12:00 Uhr in die Kirche St. Elisabeth, da wird die Messe nämlich auf Englisch gehalten. Und dadurch sind dort Menschen, die die normalen Gottesdienste nicht besuchen. Es sind viele da, die die deutsche Sprache noch nicht beherrschen, viele, die aus Zentralafrika kommen. Das ist ein ganz anderes Erleben der Messe und der Gemeinschaft mit anderen Gläubigen. Beim Vaterunser fassen sich alle an den Händen, es entsteht ein Kontakt, eine Bindung, die alle Grenzen überschreitet und die man sonst viel zu selten erlebt. Ganz unabhängig von Herkunft, der Hautfarbe oder dem Status der Menschen, den man ja ohnehin nicht kennt. Und das ist für mich ein besonderes Gefühl, ein kostbares Geschenk.«

Unsere Zeit ist eigentlich schon lange um, es ist das längste Gespräch, das ich für dieses Buch geführt habe, und auch eines der intensivsten. Mir sitzt eine enorm vielschichtige Persönlichkeit gegenüber, mit Brüchen und einem enormen Selbstreflexionsvermögen. Thomas Middelhoffs Offenheit ist entwaffnend, seine Zugewandtheit nimmt mich mit, auch wenn ich zugegebenermaßen meine Skepsis nicht völlig ablegen kann. Zu groß waren meine Vorbehalte vor diesem Gespräch, auch wenn ich mir jetzt wünsche, dass diese Geschichte wahr ist und bleibt. Und ja, das Leben ist viel komplexer als das schnelle Urteil, Thomas Middelhoff sei vor allem und nur ein arroganter, gescheiterter Manager, der genau das bekommen hat, was er verdient. Da habe ich heute definitiv dazugelernt.

Zwei kleine Fragen noch. Wer äußersten Luxus gewohnt war, findet sich vielleicht nicht ganz so einfach im Alltag des Normalbürgers zurecht. Gibt es etwas, das er aus seinem früheren Leben vermisst?

Vor zwei Stunden hätte mich seine Antwort verwundert, jetzt finde ich sie absolut stimmig: »Das Einzige, was mir fehlt, ist der ständige, unmittelbare Zugang zu meinen Kindern. Das ist durch die Trennung von meiner Frau natürlich etwas schwieriger geworden. Alles andere habe ich in ausreichendem Maße. Ich habe ja auch noch die Talente, die Gott mir mitgegeben hat. Und es macht unheimlich viel Freude, diese Talente jetzt ganz neu zu nutzen.«

Meine allerletzte Frage stelle ich ihm, als wir schon auf dem Weg zum Fahrstuhl sind: Was sollen die mindestens zwölf Enkel von Thomas Middelhoff einmal sagen, wenn ihr Opa im Alter von hoffentlich erfüllten 99 Jahren das Zeitliche segnet? Er lacht: »Ich hoffe, dass die Enkel dann nicht sagen: Gott sei Dank ist der Alte weg. Ich wünsche mir, dass sie sagen: Mit dem Opa war es immer lustig und hat Spaß gemacht.«

Was für eine spannende und gleichzeitig irritierende Begegnung. Sie bestätigt mich in meiner Meinung, dass Schwarz-Weiß-Denken niemandem weiterhilft und vieles blockiert, auch wenn manche Fragen bleiben. Menschen können sich immer verändern und weiterentwickeln, sie sind viel zu komplex für schnelle Urteile. Man muss sie kennenlernen, mit ihnen sprechen und dabei offen sein. Thomas Middelhoff ist dafür ein Beispiel. Er hat fundamentale Fehler gemacht – und bekommen, was er verdient: die Chance auf einen Neuanfang.

MACHBAR:

Gut gelagert, länger gut

Über die richtige Lagerung von Lebensmitteln könnte man ganze Bücher schreiben. Was muss dunkel aufbewahrt werden, was kann ans Licht? Muss der Käse im Kühlschrank nach oben oder ganz nach unten? Und wofür ist ein Brotkasten eigentlich gut? Dieses Wissen ist wichtig, denn nur wenn Lebensmittel optimal gelagert werden, bleiben sie entsprechend lange essbar. Eine ausführliche Übersicht finden Sie auf den Seiten des Bundeszentrums für Ernährung unter der Adresse: https://www.bzfe.de/inhalt/lebensmittel-richtig-lagern-645.html

»WIR MÜSSEN UNSEREN INNEREN KOMPASS WIEDERFINDEN«

ULRICH SCHNEIDER

Berlin: Die Sonne scheint, es ist kalt und ich sitze im gediegenen Café des Deutschen Historischen Museums. Hier gibt es viel Leder, hohe Decken, und die Bedienung entspricht dem Klischee, das man im Rest des Landes über Berliner Servicekräfte so pflegt: ein bisschen mürrisch, ein bisschen schroff, trotzdem irgendwie nett und witzig. Ich bestelle einen Milchkaffee und warte auf meinen heutigen Gesprächspartner: Ulrich Schneider.

Der streitbare Geschäftsführer des Paritätischen Wohlfahrtsverbandes ist ein gern gesehener TV-Gast. Immer dann, wenn in Talkshows mal wieder über die wachsende Armut im Land, über Ungleichheit oder die größer werdende Schere zwischen Arm und Reich gesprochen wird, kommt er ins Spiel. Der Mann mit den auffälligen Koteletten ist der Kämpfer für die Abgehängten und sozial Schwachen. Da wir als Tafel seit 2006 ebenfalls Mitglied des Paritätischen Gesamtverbandes sind, freue ich mich auf unser Gespräch, in dem es um die soziale Gerechtigkeit gehen wird. Und damit auch um Fehler, die in der Politik gemacht wurden. Erst vor ein paar Jahren wurde Schneider Mitglied der Partei Die Linke. Das ist durchaus ein Statement, wenn man sich mit Ende 50 und als Geschäftsführer eines riesigen Verbandes einer Partei zuwendet, die radikal die Interessen der Armen und Schwachen vertritt. Das um Ausgleich bemühte Ja-aber-Wischiwaschi überlässt Schneider anderen Politikern.

Als der Geschäftsführer das Café betritt, bin ich erst einmal erstaunt. Man kennt ihn aus dem TV fast ausschließlich im seriösen Outfit: Sakko, Hemd, bisweilen Krawatte. Zu unserem Gespräch heute kommt er in Lederjacke, Shirt und Jeans. Das macht ihn einige Jahre jünger. Auch unser Gespräch beginnt unerwartet humorvoll. Wie es denn sei, als das permanent schlechte Gewissen und die Nervensäge des Landes wahrgenommen zu werden, frage ich ihn. »Bin ich ja gar nicht«, antwortet er und lacht dabei herzhaft. »Niemand sagt so etwas. Alle lieben mich.« Okay, ich merke: Unser Gespräch wird gut. Selbstironie kann der Schneider.

Ich hake trotzdem noch einmal nach, will wissen, wie er damit umgeht, dass nicht wenige Menschen ihn als das fleischgewordene schlechte Gewissen ansehen, das sich gefühlt zu jedem Thema äußert. Jetzt wird er ernsthafter: »Na ja, ich sage ja nicht zu allen Themen etwas. Aber ich spreche über relevante Dinge rund um das Thema Armut. Und in dem Moment, in dem man Partei ergreift, spalten sich die Lager. Auf der einen Seite diejenigen, die vehement angreifen und mich auch persönlich attackieren, auf der anderen Seite diejenigen, die sich repräsentiert fühlen und dankbar sind, dass Missstände deutlich auf den Punkt gebracht werden. Diese Stimmen kommen häufig aus unserem Verband und helfen mir sehr. Sonst könnte ich diesen Job gar nicht machen.«

Der 60-Jährige sieht sich als Lobbyist der Abgehängten, der in der Öffentlichkeit für deren Belange eintritt. Dass er nebenher als Geschäftsführer ganz profan die Geschäftsstelle leitet, Dienstleistungen für Mitglieder anbietet und versucht, den Tanker »Paritätische« mit seinen vielen unterschiedlichen Organisationen und Vereinen auf Kurs zu halten: geschenkt. Alltagsgeschäft interessiert niemanden, zumindest nicht, so lange alles läuft. Wichtig ist, auf dem Platz zu sein, also auf den Podien, vor den Kameras und in den Sesseln der Talkshows.

Schneider hat aus seiner politischen Überzeugung nie einen Hehl gemacht. Und trotzdem brachte ihm sein Beitritt zur Linken reichlich Kritik ein. Der Paritätische sei nun die »sozialpolitische Kampftruppe der Partei von Sahra Wagenknecht«, hieß es in der eher bürgerlich-konservativ verorteten FAZ. Aber auch links-progressive Stimmen aus der SPD und von den Grünen kritisierten den Parteieintritt. Das linke politische Lager ist heterogen und selten herrscht Einigkeit.

Auch wir Tafeln spüren das immer wieder, denn ein Großteil der Kritik, die an uns herangetragen wird, kommt von links. Das Standardargument: Wir würden keine Ursachen bekämpfen, sondern lediglich die vorhandene Armut verwalten und einer Aufgabe nachkommen, die eigentlich dem Staat vorbehalten sei. Was die Menschen dabei häufig vergessen: Die Tafeln sind nicht gegründet worden, um Armut zu bekämpfen. Die Folgen von Armut zu lindern war vielmehr ein Resultat unserer Arbeit. Vor allem geht es darum, Lebensmittel vor der Müllkippe zu bewahren und Ressourcen nicht zu verschwenden. Und es geht darum, diese Lebensmittel jenen Menschen zur Verfügung zu stellen, die weniger Geld zur Verfügung haben, um sie finanziell zu entlasten. Eine ebenso einfache wie gute Idee.

Ich halte die Kritik an der Tafel in vielen Fällen daher für falsch, weil diese Kritik nicht an der Ursache ansetzt. Tafeln sind sicher nicht die Lösung, aber sie halten uns den Spiegel vor.

THEMEN WIE NACHHALTIGKEIT, MÜLLVERMEIDUNG UND EIN SPARSAMERER UMGANG MIT RESSOURCEN SIND IN ZEITEN VON KLIMAWANDEL UND VERMÜLLTEN WELTMEEREN AKTUELLER DENN JE.
Ulrich Schneider

Der Geschäftsführer des Paritätischen steht mir dabei zur Seite. Mehr noch, er hält die Idee der Lebensmittelrettung für sehr modern und am Puls der Zeit. Themen wie Nachhaltigkeit, Müllvermeidung und ein bewussterer Umgang mit Ressourcen sind in Zeiten von Klimawandel, vermüllten Weltmeeren und brandgerodeten Regenwäldern aktueller denn je.

»Die Idee der Tafeln finde ich erst einmal sehr gut. Wir dürfen ja nicht vergessen, dass es um Lebensmittelrettung geht. Dass diese Lebensmittel dann an Menschen abgegeben werden, die Hilfe benötigen, ist ein tolles Zusatzangebot«, sagt Schneider. »Kritik muss aber am Gesetzgeber geübt werden. In dem Moment, wo die Menschen zwingend auf dieses Zusatzangebot angewiesen sind, weil die Fürsorgeleistungen des Staates nicht mehr für eine halbwegs vernünftige Ernährung ausreichen, ist jede Kritik berechtigt. Aber nicht an den Tafeln, sondern an Politik und Gesetzgeber. Die Tafeln wären bigott, wenn sie nicht ganz klar Stellung beziehen würden. Aber das tun sie inzwischen ja. Sie weisen auf Probleme hin und zeigen die Strukturen, in denen etwas nicht läuft. Dem einzelnen Menschen in seiner individuellen Not zu helfen und gleichzeitig darauf hinzuwirken, dass wir andere politische Rahmenbedingungen schaffen.«

Wenn ich die Nachrichten im Fernsehen oder der Presse verfolge, habe ich manchmal das Gefühl, in zwei komplett unterschiedlichen Welten zu leben. Der Wirtschaft geht es immer noch sehr gut. Fachkräfte werden händeringend gesucht. Der Finanzminister freut sich über das Steuer-Plus. So oder so ähnlich lauten die Aufmacher in den Medien. Gleichzeitig wächst die Zahl unserer Kunden stetig an. Also, entweder stellen wir uns alle nur an und jammern auf hohem Niveau, oder irgendwo läuft etwas ganz gehörig falsch in diesem Land.

Ulrich Schneider kann den scheinbaren Widerspruch auflösen: »Es geht uns allen sehr gut? Klar, wenn man den statistischen Durchschnitt betrachtet. Wir sind das Land mit dem viertgrößten Bruttosozialprodukt der Welt, wir hatten selten so wenig registrierte Arbeitslose wie heute. Und noch nie lag so viel Geldvermögen auf Privatkonten. Das sind alles Rekordzahlen. Aber was sagt der Statistiker, wenn jemand mit dem Kopf im Kühlschrank und mit den Füßen im Ofen liegt? Im Durchschnitt warm!«

WENN MENSCHEN ZWINGEND AUF DIESES ZUSATZANGEBOT ANGEWIESEN SIND, WEIL DIE FÜRSORGELEISTUNGEN DES STAATES NICHT MEHR FÜR EINE HALBWEGS VERNÜNFTIGE ERNÄHRUNG AUSREICHEN, IST JEDE KRITIK BERECHTIGT.

Ulrich Schneider

Hinter diesen Zahlen steht eine tiefe Spaltung: Es gibt den größten Niedriglohnsektor, den wir jemals in diesem Land hatten, und 16 % von Armut betroffene Bürger – ein Höchstwert seit der Wiedervereinigung. Immer mehr Menschen arbeiten Vollzeit und kommen finanziell trotzdem nicht über die Runden. Sie gehen zur Tafel, stocken mit Hartz-IV und anderen Leistungen wie Wohngeld auf. Das ist auch eine Realität hinter den im Durchschnitt guten wirtschaftlichen Zahlen. Das ist die Realität, mit der wir es in Deutschland zu tun haben. Im Durchschnitt warm.

Dazu kommen weitere Faktoren, die die Armut in diesem Land wachsen lassen. Ein frei drehender Wohnungsmarkt mit steigenden Mieten. Eine daraus resultierende Gettoisierung, weil Menschen mit geringem Einkommen nur noch in unattraktiven Randlagen bezahlbaren Wohnraum finden. Armutsvertreibung. All dies gärt am Boden der Einkommenspyramide und braut sich zu einer gefährlichen Mischung zusammen. Gesellschaftlicher Sprengstoff. Droht womöglich ein Aufstand der Armen?

WENN MAN TÄGLICH VON DER POLITIK VORGEBETET
BEKOMMT, DASS MAN SPÄTER EINMAL SOWIESO
KEINE RENTE ERWARTEN KANN, DANN IST MAN ZU
RECHT BEUNRUHIGT.

Ulrich Schneider

Ulrich Schneider ist besorgt, sieht die größte Gefahr allerdings nicht von den Ärmsten der Armen ausgehen: »Diese Gruppe bleibt meist ruhig. Wir hatten in den 1980er-Jahren eine Bewegung von Gruppen der Sozialinitiativen. Nach der Einführung von Hartz-IV gab es erneut ein Aufbäumen, aber das ist alles verebbt«, erklärt der promovierte Erziehungswissenschaftler. »Wer hingegen nicht ruhig bleibt, sind jene, die knapp über der Armutsschwelle leben. Diejenigen, die sich eigentlich noch zur Mittelschicht zählen, aber zutiefst verunsichert sind und massive Abstiegsängste haben. Wenn man tagtäglich von der Politik vorgebetet bekommt, dass man unter einem Stundenlohn von 13 Euro in Vollzeit später einmal sowieso keine Rente erwarten kann, die einen vor Armut schützt, dann ist man zu Recht beunruhigt. Diese Ängste sind realistisch.«

Der Aufstieg einer Partei, die in ihren Reihen Mitglieder duldet, die sich offen rassistisch äußern und Ungleichheitstheorien verbreiten, ist ein Ausdruck dieses gesellschaftlichen und politischen Sprengstoffs. Darüber hinaus bereitet die Spaltung zwischen Ost und West weiterhin Sorgen. Die einen verstehen die Sachsen nicht und sehen in dem Bundesland das Zentrum eines wachsenden Rechtspopulismus. Die anderen fühlen sich von den Besserwessis gegängelt und bevormundet.

Für Ulrich Schneider liegt der Grund der Unzufriedenheit bei Ost und West in den enttäuschten Hoffnungen. Die oft zitierten blühenden Landschaften haben sich für viele Menschen im Osten nicht bewahrheitet. Aber auch im Westen versprach der Neoliberalismus der 1990er-Jahre den Bürgern viel. »Planwirtschaft adé! Es gab den Irrglauben, dass der Kapitalismus alles schaffen würde. Dass dieses Wirtschaftssystem nur den Weg nach oben kenne und stark genug sei, um alle Menschen mitzunehmen. Herausgekommen ist eine riesige Gruppe Abgehängter – im Westen wie im Osten. Schaut man einige Städte im Ruhrgebiet an, könnte man meinen, es ist Anfang der 1990er-Jahre irgendwo in Ostdeutschland.«

Von einer verlorenen Generation will der gebürtige Oberhausener aber dennoch nicht sprechen: »Das klingt zu groß. Außerdem gibt es gar keinen Generationenkonflikt. Es gibt Konflikte zwischen Reichen und Abgehängten – quer durch alle Altersklassen. Wir haben in jeder Generation hoch privilegierte spätere Erben. Und wir haben in jeder Generation die Abgehängten. Das Problem ist nur, dass in der aktuellen Generation die Zahl der Abgehängten größer ist als jemals zuvor.«

Mein Gesprächspartner ist ein großer Fan der sozialen Marktwirtschaft, das wird deutlich, wenn er von unseren Eltern und Großeltern spricht, die für die Einführung der Sozialsysteme kämpften. Da ist dann Begeisterung in seiner Stimme und Respekt und vielleicht auch etwas Wehmut. »Unser Sozialstaat ist ja nicht irgendwie vom Himmel gefallen. Er ist von einer Arbeiterbewegung erstritten worden. Und man merkt auch heute noch im gewerkschaftlichen Umfeld, wie stolz die Menschen darauf sind. Unser Sozialstaat ist eine Errungenschaft. Ihn zu torpedieren, geht an die historische Substanz.«

UNSER SOZIALSTAAT IST VON EINER ARBEITERBEWEGUNG ERSTRITTEN WORDEN. IHN ZU TORPEDIEREN, GEHT AN DIE HISTORISCHE SUBSTANZ.

Ulrich Schneider

Die soziale Marktwirtschaft ist in der Tat *Made in Germany*. Der stets um Ausgleich bemühte Weg zwischen dem freien Markt und einem fürsorgenden Staat ließ die Wirtschaft wachsen und sicherte gleichzeitig den Zusammenhalt der Gesellschaft. Niemand musste Angst haben, bei Krankheit oder Arbeitslosigkeit ins Bodenlose zu fallen. Die Sozialsysteme griffen, unterstützten und förderten dort, wo es nötig wurde. Drohte der Graben zwischen Arm und Reich zu groß zu werden, griff der Staat korrigierend ein: über das Steuerrecht, über Umverteilung, über Gesetze.

Doch dieses Konzept wurde etwa seit der Jahrtausendwende zunehmend aufgegeben. »Der Staat kümmert sich nicht mehr. Am eklatantesten ist das in der Rentenpolitik deutlich geworden«, führt Ulrich Schneider aus. »Man schickt das Rentenniveau auf Talfahrt und sagt den Leuten, dass sie zusehen sollen, wie sie sich privat zusätzlich versichern. Hartz-IV zu installieren, ohne einen Mindestlohn einzuführen, war ebenso leichtfertig. Das sind eklatante Brüche in der Geschichte des Sozialstaates. Und das ist in unserem Land sehr viel gefährlicher als in vielen anderen Ländern der Welt, weil es hier eine andere Mentalität gibt.«

Heutzutage über Renten zu sprechen, bedeutet ja vor allen Dingen auch: über Altersarmut zu sprechen. Bei den Tafeln erlebe ich tagtäglich den Kampf älterer Menschen, mit einer niedrigen Rente über die Runden zu kommen. Selbst wenn sie teilweise 40 Jahre und mehr gearbeitet haben. Daraus resultieren dann auch Isolation und Einsamkeit. Mangelnde Teilhabe aufgrund der nicht vorhandenen finanziellen Möglichkeiten macht einsam. Die Scham darüber spielt ebenfalls eine Rolle, und auch eine gewisse Schicksalsergebenheit. Ältere Menschen beklagen sich kaum über ihre Situation.

Die Tafeln sind deshalb viel mehr als ein Lebensmittelverteiler. Tafeln sind Orte der Begegnung. Ich frage Schneider, ob wir wieder mehr solcher Orte brauchen. »Unbedingt!«, antwortet er. »Bis zum Mauerfall gab es in Ostdeutschland ambulante Mittagstische für Alte. Ihnen wurde das Essen nicht in die Wohnung gebracht, sondern sie wurden zum gemeinsamen Essen in Lokalitäten gefahren. So was ist ungemein wichtig. Diese Altenklubs der Volkssolidarität hatten in Ostdeutschland eine ganz wichtige Funktion. Deswegen erfüllt die Tafel auch eine ganz wichtige Funktion: Wenn wir an Geselligkeit denken, denken wir an gemeinsames Essen und Trinken. Bei meinen gelegentlichen Besuchen bei örtlichen Tafeln stelle ich immer wieder einen sehr herzlichen Umgang der Menschen miteinander fest. Das hängt bestimmt auch mit dem ehrenamtlichen Engagement zusammen. Wer dort hilft, der will ja nicht nur Lebensmittel ausgeben, der will mit diesen Menschen zusammenkommen.« Das kann ich nur bestätigen.

Schneider fährt fort: »Was die Altersarmut angeht, werden wir in den kommenden Jahren einen starken Anstieg erleben. Schon allein, weil in den kommenden zehn Jahren verstärkt die Menschen ins Rentenalter kommen werden, die langzeitarbeitslos waren. Auch bei den geburtenstarken Jahrgängen gibt es viele, die mehrfach arbeitslos waren und immer wieder neu in Jobs starteten. Um dagegenzuwirken, müssen jetzt die Weichen gestellt werden. Die Grundrente ist ein sehr wichtiger und hoch vernünftiger erster Schritt. Aber wir sagen, dass es noch weitergehen muss. Wir brauchen Reformen in der Altersgrundsicherung.«

Wir kommen von den ganz Alten zu den ganz Jungen. Eine gemeinsame Forderung der Tafel und nahezu aller Wohlfahrtsverbände will erreichen, dass jedes Kind einen Schulabschluss beziehungsweise eine Ausbildung bekommen kann. Denn Bildung ist eine Grundvoraussetzung, um der Armutsfalle zu entkommen – und Armut wird immer häufiger vererbt. Schneider selbst kommt nicht aus einer Familie von Akademikern. Seit Vater arbeitete als Bierfahrer und als Mitarbeiter einer Wach- und Schließgesellschaft. Trotzdem bekam Sohn Ulrich die Chance auf den sozialen Aufstieg, studierte in Bonn und promovierte schließlich in Münster. Schneiders Kinder studieren ebenfalls. Manchmal habe ich das Gefühl, dass ein Studium inzwischen auch ein Privileg ist, dass sich längst nicht mehr jeder leisten kann.

»In Westdeutschland haben wir mit der Einführung des BAföG in der Ära Willy Brandts Mitte der 1970er-Jahre die Möglichkeit geschaffen, dass Arbeiterkinder die Chance auf ein Studium bekamen. Kinder, die ohne diese Förderung niemals hätten studieren können. Das war eine enorme Errungenschaft, die wesentlich dazu beigetragen hat, diese Gesellschaft zusammenzuhalten und Perspektiven und Hoffnungen zu geben«, sagt Schneider. »Aber es ist mittlerweile wieder schwieriger geworden, ein Studium aufzunehmen. Und es ist schwieriger geworden, überhaupt die Leistung zu bringen, um sich für ein Studium zu qualifizieren. Wir haben zwei Millionen Kinder in Armut. Kinder, von denen wir wissen, dass sie ganz klar schlechte Chancen in der Schule haben. Ihre Eltern können ihnen nicht helfen. Zu Hause fehlen die räumlichen Voraussetzungen, um überhaupt in Ruhe lernen zu können. Sie können sich keinen Laptop leisten, den man heutzutage aber benötigt, und sie können sich keinen Nachhilfeunterricht leisten. Das ist das Problem.«

Auch jenseits der Unis findet der Geschäftsführer des Paritätischen Verbesserungspotenzial: Die zunehmenden Digitalisierungsprozesse in der Produktion verlangen auch von Arbeitnehmern ohne Uniabschluss immer höhere Qualifikationen. Das Schlagwort des lebenslangen Lernens

taucht seit Jahren in den Bildungsdiskussionen auf. Doch diese Fähigkeit des lebenslangen Lernens ist bei denen, die noch nicht einmal einen Hauptschulabschluss haben, extrem gering. Deshalb ist es so wichtig, dass wirklich jeder an einen Schul- oder Berufsabschluss herangeführt wird.

Zum Abschluss unseres Gesprächs möchte ich mit Schneider über das Thema sprechen, das mich schon eine ganze Weile lang verzweifeln lässt: der zunehmend undifferenzierte Umgang miteinander. Das Schwarz-Weiß-Denken. Der hoch moralische Kampf zwischen Gut und Böse, der seit dem Jahr 2015 enorm ruppig geworden ist. Ich wünschte, wir würden einen neuen Aufbruch erleben, der in einem breiten gesellschaftlichen Konsens mündete. Doch ich habe das Gefühl, dass genau dies gerade fehlt: der Wunsch nach Konsens.

Fehler sieht Schneider auf allen Seiten. Bei den Populisten von rechts ebenso wie bei den Humanisten, wie er die Gruppe der Refugees-Welcome-Aktivisten nennt. Und es ehrt ihn, dass er auch seine eigenen Fehler benennt. »Probleme zu leugnen ist keine Lösung. Natürlich verschärft sich eine schon 2015 spürbare Wohnungsnot enorm, wenn plötzlich viele Menschen hinzukommen, die logischerweise nicht dauerhaft in irgendwelchen Sammelunterkünften leben sollen. Das ist doch ganz klar. Aber der differenzierte Umgang mit diesem Thema hat damals ein Stück weit gefehlt. Ich habe selbst auch vielleicht hin und wieder Probleme kleingeredet. Wir als Paritätischer stehen für eine Gesellschaft, die jeden mitnimmt, egal, welchen Pass er besitzt. Mit dieser Position war ich damals aber häufig in der Defensive, und dann neigt man dazu, Probleme auszublenden.«

Und dann kommt er auf den gesellschaftlichen Aufbruch zu sprechen, der sich seiner Meinung nach bereits vollzieht. Er nennt die »Fridays for Future«-Demos oder die »unteilbar«-Bewegung aus dem vergangenen Jahr, als urplötzlich 250.000 Menschen in Berlin auf die Straße gingen: für ein menschenwürdiges Miteinander, für Vielfalt, Offenheit und Toleranz.

»Die neoliberale Sichtweise in den vergangenen Jahrzehnten hat uns viel Unsinn eingeredet. ›Jeder ist seines Glückes Schmied‹, ›Jeder muss selbst sehen, wie er klarkommt‹, ›Jeder muss an sich denken, dann geht es allen gut‹, diese Sprüche haben uns sehr viel Moral ausgetrieben. Aber ich sehe einen neuen Konsens heranwachsen. Ein Konsens, der sich darauf bezieht, dass Deutschland nicht nur Wirtschafts-, sondern vor allen Dingen ein Lebensstandort ist. Ein Konsens, der besagt, dass Wirtschaft keinen Selbstzweck erfüllt, schon gar nicht, wenn sie zu solchen Verteilungskämpfen führt. Wir müssen uns fragen, welche humanen Regeln wir uns geben möchten und was Menschenwürde für uns bedeutet. Und dann müssen sich Wirtschaft und Politik genau daran orientieren und eben nicht an irgendwelchen volkswirtschaftlichen Kennzahlen.«

WIR MÜSSEN UNS FRAGEN, WAS MENSCHENWÜRDE FÜR UNS BEDEUTET. UND DANN MÜSSEN SICH WIRTSCHAFT UND POLITIK DARAN ORIENTIEREN UND EBEN NICHT AN VOLKSWIRTSCHAFTLICHEN KENNZAHLEN.

Ulrich Schneider

Schneiders Schlussworte haben mich beeindruckt. Nach unserer Verabschiedung sitze ich noch eine Weile im Café und rücke mein Bild von ihm zurecht. Er ist ein Streiter für eine gerechtere Welt und das Fernsehgesicht, wenn es um die Belange der Abgehängten geht. Im direkten Gespräch wirkt er aber auch nachdenklich und weniger angriffslustig als in den Talkshows. Das laute Klappern, Maximalforderungen rauszuhauen, um Diskussionen in Gang zu bringen, ist sein Handwerk. Ich teile nicht jede seiner Forderungen, aber sein Engagement imponiert mir.

Und sein letztes Statement werde ich noch eine ganze Weile mit mir rumtragen: »Es geht um Würde, um Haltung und um Moral. Wir müssen unseren inneren Kompass wiederfinden. Den haben wir an Betriebswirtschaftler abgegeben. Aber wir brauchen diesen Wertekompass. Er wird uns zeigen, wohin wir uns bewegen müssen.«

MACHBAR:

Reste verwerten

82 Kilo Lebensmittel schmeißt jeder Einzelne von uns pro Jahr in den Müll. Dabei könnten die meisten Reste noch gut weiterverwertet werden. Vieles kann man einfrieren, aus altem Brot lassen sich Semmelbrösel oder Croutons machen und aus Gemüsestrünken lässt sich eine prima Brühe kochen – die dann wieder eingefroren werden kann. Rezepte für die Resteküche? Findet man im Internet noch und nöcher. Auf der Webseite des Bundesministeriums für Ernährung und Landwirtschaft gibt es zahlreiche weitere Tipps: https://www.zugutfuerdietonne. de/was-kannst-du-dagegen-tun/besser-essen/wohin-mit-resten/

»ICH ERBE EINE KAPUTTE WELT!«

PAULA SCHWARZ

Wieder einmal bin ich in Berlin. Die Strecke von Essen Richtung Hauptstadt fahre ich zigfach im Jahr. Wer mit öffentlichen Verkehrsmitteln zur
Arbeit pendelt, kennt vielleicht diese kleinen Spuren der Vertrautheit,
wenn man immer wieder die gleichen Gesichter in Bus oder Bahn sieht.
Irgendwann weiß man, welches dieser bekannten Gesichter wo aus-
steigt, kennt Lieblingsplätze der Gesichter, weiß, wer den immer viel
zu heißen Bahn-Kaffee trinkt und wer durch die »Mobil« blättert. Und
spätestens, wenn man den Gesichtern beim Zusteigen wortlos zunickt,
ist man Teil dieses Pendler-Stilllebens geworden, das mit Tempo 250
durch die Republik rast.

Auch heute habe ich meine Standardverbindung genommen: Essen
Hauptbahnhof, 8:23 Uhr, ICE 845 von Gleis 6. Ich nickte den bekannten
Gesichtern wortlos zu, setze mich auf meinen Platz im Wagen 27 und
warte auf das vertraute Ritual. Vorn steigt ein Obdachloser ein, nimmt
sich die FAZ, die Süddeutsche und die Bildzeitung – die hier kostenlos
ausliegen – geht durch den Wagen und steigt hinten wieder aus. Soweit
ich es überblicken kann, macht er das täglich. Immer zur gleichen Zeit.
Ein winziges Teil im Mosaik der Armut in Deutschland.

Umso gegensätzlicher ist der Termin mit meiner heutigen Gesprächspartnerin. Wir sind in ihren Arbeitsräumlichkeiten verabredet: Berlin Mitte. Ein Penthouse. Irgendwo in Sichtweite wohnt die Kanzlerin. Hier treffe
ich Paula Schwarz, die in der Presse gern mit dem nachgestellten Zusatz
»Erbin« versehen wird, denn die Schwarz-Familie gehört zu den Superreichen in diesem Land. Zu Kreisen, in denen das Privatvermögen nicht mehr
in Millionen, sondern in Milliarden beziffert wird. Dieser Wohlstand geht
auf das 1946 gegründete Pharmaunternehmen zurück. 1995 wurde es an die
Börse gebracht – im Jahr 2006 verkaufte die Familie ihre Mehrheitsanteile
an einen Mitbewerber. Als Dankeschön bekam jeder Angestellte, egal ob am
Fließband oder im Management tätig, eine Sonderzahlung von 10.000 Euro.

In solchen Kreisen ist man diskret. Vielleicht aus Verantwortung, vielleicht aus Sicherheitsgründen, vielleicht sogar ein wenig aus Scham. Denn
wer mit solchen Summen jongliert, hat mit der Welt der Mehrheitsgesellschaft wenig zu tun. Von den Millionen Tafel-Kunden ganz zu schweigen.

Doch Paula Schwarz ist ein wenig anders. Sie ist eine Rebellin, geht
in die Öffentlichkeit, spricht über die Generation der superreichen Erben,
engagiert sich in der Flüchtlingshilfe. Dazu ist sie noch Computer-Nerd,
Hackerin, Datenanalystin. Ihre Vision: die Welt durch das Teilen von
Daten, etwa im Gesundheits- oder Bildungswesen, besser und gerechter
zu gestalten. Ressourcen teilen und Gewinne nicht nur monetär zu defi-
nieren, sondern auch emotional und sozial. In Interviews wirkt sie meist
ein wenig entrückt. Sie spricht langsam, macht viele Pausen. Fragen beantwortet sie nicht nach dem Lehrbuch von PR- oder Imageberatern, sondern spontan, persönlich und oft überraschend.

Ich freue mich auf dieses Gespräch. Auch wenn ich durch meine Tätigkeit immer mal wieder mit CEOs, Vorständen und wohlhabenden Unter-
nehmern zu tun habe – solch ein Termin ist etwas Besonderes.

Die 28-Jährige öffnet mir die Tür des Penthouse und entschuldigt sich
für die hakende Eingangstür unten. Kaffee gibt es auch, wir genießen kurz
die Aussicht über Berlin, finden den Balkon von Angela Merkel, und los
geht es mit dem Gespräch.

Ich berichte ihr als Erstes von meiner Recherche über sie, die sich als nicht einfach erwies. Im Netz findet man nicht sehr viel über Paula Schwarz. Als ich Wikipedia erwähne, wird sie kurz hellhörig: »Ach, steht da was?« Nein, nicht über sie, nur über Schwarz Pharma. »Ah, okay.«

JEDER MENSCH HAT DAS RECHT DARAUF, VERSTANDEN ZU WERDEN.

Paula Schwarz

In den wenigen Artikeln, die man über Paula Schwarz findet, wird sie häufig als Vor- und Querdenkerin bezeichnet, manchmal als Weltveränderin, hin und wieder als Tochter und fast immer als reich. Ich möchte von ihr wissen, ob es ihr auf die Nerven geht, stets mit ihrem Erbe im Gepäck betrachtet zu werden.

Sie überlegt kurz, spielt an ihrem bunten Schal und antwortet: »Ich finde Feedback von außen immer gut. Aber wenn die Leute mich reich nennen, dann muss ich sagen, dass sie einfach nur engstirnig sind. Reich an Traumata: ja. Und reich an Feinden – weil ich sage, dass das alles nicht stimmt. Insofern bin ich ziemlich reich. Ich hatte aber auch Zahlungssperren in meiner Krankenversicherung zum Beispiel, weil ich ganz lange kein Geld anfassen wollte, weil ich nicht verstanden habe, was mit meinem Leben ist. Wenn man das weiß und mich dann noch reich nennt, dann ist man selbst nicht so reich – an IQ.«

Sie lacht und erzählt, wie es dazu kam, dass sie, die junge Frau aus bestem Hause, ohne Krankenversicherung lebte. Es geht um Rebellion, schon in der Kindheit. Und um ein Kind, das nicht verstanden wurde. »Ich habe immer gegen meine Familie rebelliert. Ich hatte sehr früh Bulimie, schon als Kind, weil ich das alles aus mir rauskotzen musste. Auch sehr krass. Ich wuchs in einem 36-Zimmer-Haus auf, dort habe ich früh gemerkt, dass ich das so nicht kann. Ich habe immer versucht, von innen die Systeme zu verändern, weil es mich beispielsweise fertiggemacht hat, wie meine Eltern mit Arbeitskräften umgegangen sind. Ich bin als Kind mit der Frage aufgewachsen: Was soll dieses Chaos? Das war die erste bewusste Frage,

an die ich mich erinnern kann. Ich wollte mit Leuten reden, sie kennen-lernen und verstehen, wer sie sind. Jeder hat das Recht, verstanden zu werden. Aber ich durfte das nicht. Ich durfte auch nicht meinen eigenen Kleidungsstil ausprobieren oder Mathematik lernen. Aber ich wurde so getrimmt, dass ich das sagen sollte, was gut ankommt. Das fand ich aber scheiße. Und Geld wollte ich damals gleich gar nicht anfassen.«

Als Paula Schwarz volljährig wird, muss sie Vollmachten unterschrei-ben, die ihr Vermögen betreffen. Ohne es zu wissen, überträgt sie damit alle ihre Rechte auf ihren Vater. Irgendwann will sie mit alldem nichts mehr zu tun haben und ihr Erbe ausschlagen. Sie geht zum Anwalt, der kann ihr aber nicht helfen, denn sie weiß gar nicht, in welchen Unter-nehmen ihr Geld angelegt ist. Also hackt sich die Computerexpertin in verschiedenste Unternehmensnetzwerke und findet überall ihren Namen. Gesamtvolumen: mehrere Hundert Millionen Euro. Das ist der Punkt, an dem sie beschließt, mit ihrem Vermögen etwas Gutes zu tun.

Ich komme auf unsere Gesellschaft zu sprechen, von der ich den Eindruck habe, dass sie zunehmend egoistischer wird. Der Sinn für die Gemeinschaft geht verloren. Unterschiedliche gesellschaftliche Schichten begegnen sich immer weniger, und Menschen, die von Armut betroffen sind, vereinsamen häufig, weil ihnen eine Teilhabe am gesellschaftlichen Leben kaum möglich ist.

Die 28-Jährige denkt kurz nach und ist dann schon einige Gedankensprünge weiter. Da ist einfach zu viel in ihrem Kopf, was raus in die Welt will: »Das ist ein Riesenproblem. Ich glaube, das Kernproblem ist nicht die Vereinsamung, sondern die Tatsache, dass die Menschen so durcheinander sind und sich das nicht eingestehen wollen. Also, dass zum Beispiel die jungen Leute vom Land wegziehen und nur noch die Alten zurückbleiben. Die Jungen gehen also in die Stadt, zum Beispiel nach Berlin, und da fallen sie in ein Loch, weil sie kein soziales Netz haben. Sie sind dem Konsum komplett ausgeliefert und werden zu kleinen Hedonisten. So. Sie brauchen immer mehr, sind unglücklich und gehen zum Psychologen. Es gibt aber keine guten staatlichen Strukturen, die das auffangen könnten. Das kann gerade niemand händeln. Und dann gehen sie in die nächste Stadt oder ins nächste Land, und eigentlich ist das einfach nur Chaos.«

DAS PROBLEM IST, DASS DIE LEUTE IMMER GLAUBEN, DASS SIE NOCH MEHR BRAUCHEN.

Paula Schwarz

In wenigen Sätzen entwirft sie eine neue Ordnung für den ländlichen Raum, mit genügend Arbeitsplätzen, guter Versorgungsstruktur und privatwirtschaftlichem Engagement. Ihr Ansatz ist dabei das Datanomics-Prinzip: Daten sammeln, auswerten, Ressourcen erkennen und Netzwerke aufbauen. Teilen, statt sinnlos zu konsumieren.

»Ich habe dieses Prinzip entwickelt, weil es mir widerstrebt, dass wir in einer Ich-Gesellschaft leben. Jeder denkt: Ich brauche noch dies, ich brauche noch jenes. Und die Werbung suggeriert auch, dass man immer noch mehr braucht, egal, wie viel Geld man hat. Aber je höher man kommt, desto mehr merkt man, wie falsch das ist. Datanomics basiert darauf, dass man sich überlegen soll, wen man in seinem Umfeld hat, welche Ressourcen man hat und welche Fähigkeiten. Und dann kommt man ganz schnell dahin, dass man gar nicht so viel Geld benötigt. Auch nicht, um seine Träume in die Realität umzusetzen. Das Problem ist aber, dass die Leute immer glauben, dass sie noch mehr brauchen. Dabei muss man eher lernen, sich selbst erst einmal zu verstehen und zu sehen.«

Den Ursprung dieses Irrsinns der frei drehenden Märkte, der wachsenden Ungleichheit und des zunehmenden Egoismus sieht Schwarz in der Privatisierung von öffentlichen Aufgaben: »Private Strukturen sind sehr stark geworden. Auch über das Management der Finanzbranche. Und dann sind nach amerikanischem Vorbild diese ganzen Beratungsagenturen entstanden. Die fingen an, Staaten zu beraten und den Staatsapparat in kleine privatisierte Stücke zu zerlegen. Besonders im Gesundheits- und Versicherungswesen, im Bildungswesen und der Infrastruktur. Die sozial Schwachen sind nicht interessant, und deswegen werden sie nicht aufgefangen. Deswegen haben wir jetzt diese wahnsinnigen Lücken. Daher denke ich, die Privatwirtschaft ist schuld. Und der Staat auch, weil er sich auseinandernehmen lässt.«

In den Medien wird in letzter Zeit häufig über die neue Generation von Erben gesprochen. Sozial engagiert, verantwortungsvoll und gut vernetzt. »Neue junge Elite« ist ein Schlagwort, das man immer wieder liest. Ich frage Paula Schwarz, was es mit diesem Netzwerk auf sich hat.

Sie ist jedoch skeptischer als die meisten Medien: »Wenn die Leute mich fragen, was ich denn erben werde, sage ich immer: Ich erbe eine kaputte Welt. Denn erben schafft einen Klüngel und bindet Kapital und Möglichkeiten. Viele junge Erben sind abhängig von Papa und Opa und dem Finanzvorstand, die alle sagen, was man nicht darf. Und dann sitzen sie in ihrem Palast und bestellen bei Amazon und fühlen sich irgendwie geil, obwohl sie gar nicht geil sind. Da muss ein gesellschaftlicher Wandel her. Den erreicht man, indem man darüber spricht. Ich halte es für wichtig, den Erben klarzumachen, dass sie das alles gar nicht brauchen und dass es auch ein bisschen peinlich ist, was sie machen. Allein ist man gar nix. Darwinistisch betrachtet ist es auch totaler Quatsch, dass sich Menschen in ihren riesigen Häusern einknasten und mit niemandem mehr reden wollen. Davon wird man nicht stärker. Davon wird man einfach nur eine arme Wurst, die allein irgendwo rumsitzt. Man braucht den Austausch mit anderen.«

DARWINISTISCH BETRACHTET IST ES QUATSCH, DASS SICH MENSCHEN IN IHREN HÄUSERN EINKNASTEN UND MIT NIEMANDEM MEHR REDEN. DAVON WIRD MAN EINFACH NUR EINE ARME WURST, DIE ALLEIN IRGENDWO RUMSITZT.
Paula Schwarz

Diesen Austausch sucht Paula Schwarz ganz offensiv und geht dabei auch an die Ränder der Gesellschaft. Den Höhepunkt der Flüchtlingskrise 2015 erlebte sie hautnah auf Samos, wo unzählige Boote anlegten. Kurzfristig programmierte sie eine Webseite, auf der die Geflüchteten alle wichtigen Infos gebündelt in ihren Muttersprachen abrufen konnten. Weitere Projekte folgten. Sie vernetzte Investoren, NGOs und Gründer auf dem Start-up-Boat, installierte Coworking-Spaces, in denen Menschen verschiedenster Kulturen miteinander Ideen und Projekte entwickeln können, und unterstützte Schulen, in denen Geflüchtete das Programmieren lernen können.

Das alles stieß bei ihren Angehörigen auf Unverständnis und Widerstand: »Das ist für meine Familie schwer zu verstehen. Warum ich so was überhaupt mache und auch noch hinbekomme. Sie haben mir ja ein Leben lang versucht zu vermitteln, dass ich sie brauche und ohne sie nicht kann. Aber ich will einfach frei sein.«

Ihre Vision von einer besseren Welt hat die junge Frau nicht aufgegeben. Und die Hoffnung auch nicht. »Mir macht es Hoffnung, dass meine

Stimme zählt. Ich finde es schön, dass ich meine Geschichte erzählen darf. Und dass diese Geschichte anscheinend andere Menschen interessiert. Die Leute könnten ja auch sagen, dass die Schwarz ja doch nur labert. Ich finde es geil, dass es im Gegenteil immer mehr Menschen gibt, die mir dabei helfen, die Welt etwas gerechter zu gestalten. Und es ist irgendwie ebenso geil, dass meine Eltern versuchen, mir zu verklickern, dass das alles nicht funktionieren kann. Währenddessen baue ich eine neue Community in Österreich auf und soll in diesem Jahr beim Weltwirtschaftstreffen in Davos – bitte, bitte, bitte – meine Prinzipien vorstellen. Das finde ich cool. Ich finde es auch cool, dass man mit Prinzipien und Neinsagen so weit kommt. Das, was ich mache, wirkt natürlich abschreckend auf viele Reiche, weil es alles infrage stellt, was diese Menschen jemals waren. Aber ich merke dadurch, wie viel glücklicher ich sein kann.«

MIR MACHT ES HOFFNUNG, DASS MEINE STIMME ZÄHLT.

Paula Schwarz

Wir stehen noch ein wenig auf der Dachterrasse und blicken über die Dächer der Hauptstadt. Ich bin ein wenig sprachlos angesichts von Paula Schwarz' radikalen Ansätzen zur Veränderung der Gesellschaft. Und der kleinen Brüche in ihrem Auftreten. Denn machen wir uns nichts vor: Diese Arbeitswohnung hier wäre für die allermeisten Menschen nicht bezahlbar, ebenso wenig wie die Kleidung, die sie trägt.

Manche Menschen denken ja: Lottogewinn, große Erbschaft und das Leben wird besser. Vor allem natürlich Menschen, die kein Geld haben. Dass ein Leben im Reichtum nicht unbedingt glücklich macht, zeigt die Biografie von Paula Schwarz eindringlich. Ich stelle es mir unglaublich schwierig vor, so exponiert aufzuwachsen und immer den Zweifel im Kopf zu haben, ob man von den Menschen in seiner Umgebung nur aufs Erbe reduziert wird.

Ich erzähle ihr von Henriette Egler, der bloggenden Tafel-Kundin, mit der ich ebenfalls für dieses Buch gesprochen habe. Obwohl die beiden jungen Frauen etwa im gleichen Alter sind, leben sie in völlig verschiedenen

Welten. Paula Schwarz bietet aber sofort Kontaktaufnahme an und möchte sich mit Egler zusammensetzen. Sie will Menschen kennenlernen und Netzwerke spinnen – komplett unabhängig von deren Monatseinkommen.

Was sie dann sagt, ist schon wieder drei Gedanken weiter: »Da greift die Relativitätstheorie von Albert Einstein sehr stark«, haut sie einfach so raus und zeigt auf unsere Kaffeetassen. »Weil jeder Einzelne begreifen muss, dass alles relativ ist. Einstein hat ja vereinfacht gesagt, dass die Regeln innerhalb dieser Kaffeetassen andere sind als die Regeln außerhalb der Tassen. Das, was wir hier machen, ist Außenpolitik. Ihr Innenleben sieht anders aus als mein Innenleben. Und wenn man jetzt relativ zueinander überlegt, was man für Möglichkeiten hat, Sie und ich und all die anderen, dann kann man auch relativ begreifen, was man gerade benötigt.«

Zum Abschluss frage ich sie, was denn Geld eigentlich für sie bedeutet. Glück ja scheinbar nicht. Aber was dann? Sie überlegt, schaut über Berlin, überlegt weiter. »Möglichkeiten! Das ist Geld. Aber was machen ganz viele Möglichkeiten mit Ihnen, wenn Sie nicht einmal mit sich selbst umgehen können? Was machen ganz viele Möglichkeiten mit Ihnen, wenn Sie wissen, wer Sie sind und wo Sie hinwollen? Alles ist relativ. Das ist meine Antwort.«

Auf dem Heimweg denke ich an den Obdachlosen aus dem ICE 845. Ich denke an Henriette Egler, an Paula Schwarz, an viele unserer Tafel-Kunden, an mein eigenes Leben. So unterschiedlich die einzelnen Lebensentwürfe und Biografien sind – im Prinzip haben wir alle die gleichen zutiefst menschlichen Wünsche: ein glückliches Leben zu führen, geliebt zu werden, von Familie und Freunden begleitet und angenommen zu werden und die Welt ein kleines bisschen besser zu machen.

Paula Schwarz geht ihren Weg. Ich hoffe, dass sie erfolgreich sein wird.

MACHBAR:

Sharing is caring

Auf Internetseiten wie www.foodsharing.de werden Lebensmittel kostenlos geteilt. Wer zu viel hat, stellt ein Angebot ein; wer etwas braucht,
holt es sich ab. Wichtig ist dabei, dass alles geldlos abläuft. Das gute alte
Teilen. Inzwischen gibt es auch jede Menge Facebook-Gruppen, in denen
Lebensmittel geteilt werden. Und auch das echte Leben nicht vergessen
– vielleicht freut sich ja ein Nachbar über die Marmelade von Ihrer Großtante, die sie zu jedem Besuch mitbringt, obwohl sie Ihnen viel zu süß ist.
Also die Marmelade, nicht die Großtante.

»ICH TRÄUME DAVON, DASS JEDER GENUG ZU ESSEN HAT«

RAPHAEL FELLMER

Das heutige Treffen findet in der wahrscheinlich ungewöhnlichsten Location statt, die man sich für ein Gespräch aussuchen kann: ein Supermarkt mitten in Berlin. Kein Café, kein Meeting-Raum, kein Büro, sondern einfach eine Ecke in der Verkaufshalle. Wir sitzen zwischen Getränkeregalen und einer Vitrine, in der Menstruationstassen ausgestellt sind. Publikumsverkehr und interessierte Zuschauer inklusive. Mitten im Leben.

Der Mann, den ich hier treffen werde, heißt Raphael Fellmer und ist Idealist. Kapitalismuskritiker. Weltverbesserer. Der 35-Jährige hat bereits die halbe Welt bereist, spricht sechs Sprachen fließend und lebte mal fünf Jahre lang ohne Geld. 2013 gründete er die Plattform Lebensmittelretten.de, die im Jahr darauf mit der Seite foodsharing.de fusionierte, 2017 dann schließlich SIRPLUS – ein Supermarkt, in dem es nur ausgemusterte Lebensmittel zu kaufen gibt. Das ist der Supermarkt, in dem wir gerade sitzen.

Er beackert also das gleiche Feld wie die Tafel – ausgemusterte Lebensmittel in den Konsumkreislauf zurückzuführen. Nur mit etwas anderem Konzept. Treffen sich heute also hier zwei Konkurrenten im Kampf um überschüssige Lebensmittel zum großen Showdown? Nein: Bei 18 Millionen Tonnen Lebensmittelüberschuss, die Jahr für Jahr anfallen, gibt es de facto keine Konkurrenz, sondern vor allem Mitstreiter.

Ich möchte mit Fellmer über die verschiedenen Ansätze der Lebensmittelrettung sprechen. Über Containern, Foodsharing, SIRPLUS und Tafeln. Aber auch über die Verantwortung jedes Einzelnen, über Ernährung, Utopien und die nötige Portion Pragmatismus, die es braucht, um die Welt zu verändern.

Seine Begrüßung ist herzlich, seine Augen sind wach, er wirkt tiefenentspannt – wir kennen und schätzen uns aus manchem inhaltlichem Kontext. Bevor wir loslegen können, führt er noch kurz ein Gespräch mit einer Mitarbeiterin – auf Spanisch –, schiebt einen Wagen mit Altpapier durch den Hinterausgang, terminiert ein italienisches Fernsehteam auf die Zeit nach unserem Gespräch und telefoniert noch kurz. SIRPLUS ist ein Start-up, drei Filialen in Berlin, rund 80 Mitarbeiter. Fellmer ist ein Gründer. Da gibt es immer viel zu tun.

Schließlich sitzen wir gegenüber und es kann losgehen. Und sofort wird klar, dass Raphael Fellmer immer das große Ganze im Hinterkopf hat. Lebensmittelverschwendung ist für ihn nur ein Teilaspekt des zentralen Themas Ernährung. »Die Wertschätzung von Lebensmitteln ist für mich ein wichtiges Thema. Was essen wir überhaupt? Wie verändern wir

das Bewusstsein beim Mindesthaltbarkeitsdatum? Wir können gerettete Lebensmittel essen, wir können regional essen, wir können Bio essen,
wir können Fairtrade essen, wir können uns vorwiegend pflanzlich ernähren. Letzteres hat einen unglaublichen Effekt. Heute werden 75 Prozent der weltweit genutzten Ackerfläche für die Tierhaltung in Form von
Weide- und Anbauflächen verwendet. Und das ist auf diesem einzigarti-
gen Planeten in unserem Universum, auf dem wir gar nicht genug Platz
haben, eigentlich nicht möglich. Das geht nicht. Wir müssen also nicht
nur unsere Lebensmittelverschwendung reduzieren, wir müssen ebenso
unsere Ressourcennutzung pro Kopf hier in Europa überdenken.«

Auch an diesem Punkt sind wir uns sehr nah. Denn klar ist nicht nur
uns beiden, dass es so nicht weitergehen kann. Wir müssen reduzieren,
wir müssen Konsumverhalten ändern, wir müssen Produktionsumstände
ändern. Es reicht nicht, Forderungen an die Politik zu richten und darauf
zu hoffen, dass sich die Umstände irgendwann, irgendwie ändern werden.
Es braucht einen echten gesellschaftlichen Aufbruch. Fellmer und ich
sind Aktivisten, wir appellieren nicht nur, wir handeln auch im Rahmen
unserer Möglichkeiten. Doch wir befinden uns momentan in einer gesellschaftlichen Situation, in der vieles beklagt wird. Ängste und Wut bestim-
men die öffentliche Diskussion so sehr, dass man meinen könnte, die Welt
stünde kurz vor dem Untergang. Man hat manchmal den Eindruck, es gibt
nur noch diese Schlechtmacher, und die große Masse der Bevölkerung
schweigt einfach.

IRGENDWANN WIRD ES NICHT MEHR COOL SEIN, MIT DEM URLAUB AUF DEN SEYCHELLEN ZU PRAHLEN.

Raphael Fellmer

Der SIRPLUS-Gründer führt Beispiele an, die zeigen, dass sich die Lage
auf unserem Planeten in den vergangenen Jahrzehnten wirklich massiv
verschlechtert hat: CO_2, Wasserverbrauch, Artensterben, Klimawandel.
»Wir haben über unsere Verhältnisse gelebt und tun es weiter. Tag für
Tag. So gut wie uns geht es nur ganz, ganz wenigen Ländern auf der Welt.

Ökonomisch gesehen. Wir gehören zu den Oberreichen. Und trotzdem leben wir über unsere Verhältnisse.«

Trotzdem bleibt Fellmer zuversichtlich und schaut auch auf das zurück, was bereits erreicht wurde. »Die meisten Leute haben inzwischen mitbekommen, dass irgendetwas mit diesem Planeten nicht mehr stimmt. Das Bewusstsein ist da. Und viele möchten etwas ändern. Sie möchten weniger Fleisch konsumieren, möchten weniger fliegen, möchten nachhaltiger konsumieren. Und die Zahl dieser Menschen wächst mit jedem Tag«, sagt er und strahlt dabei so hoffnungsvoll, dass man ihm einfach glauben muss. »Als ich vor 35 Jahren geboren wurde, gab es in Deutschland vielleicht ein paar Hunderttausend Leute, die sich vegetarisch ernährt haben. Veganer vielleicht ein paar Tausend im ganzen Land, die wurden aber als Spinner abgetan. Heute haben sich die Zahlen mehr als verzehnfacht. Das Gleiche ist mit den Bio-Produkten passiert. Wir haben vielleicht noch nicht die kritische Masse von 10, 15 oder 18 Prozent erreicht, die benötigt werden, um die Gesellschaft zu verändern, aber wir sind auf dem Weg. Dann wird es irgendwann eben nicht mehr cool sein, ein großes Steak auf dem Teller zu haben oder den Autoschlüssel von dem dicken Wagen auf den Tisch zu legen. Und irgendwann wird es auch nicht mehr cool sein, mit dem Urlaub auf den Seychellen zu prahlen. Das wird kommen. Und das wird Mainstream werden.«

2010 trat Raphael Fellmer in den Geldstreik und lebte mehr als fünf Jahre ohne Geld. Kam mit Tauschgeschäften über die Runden, arbeitete gegen einen Platz zum Schlafen und durchsuchte die Abfallcontainer der Supermärkte nach weggeworfenen Lebensmitteln. Die Reaktionen waren vorprogrammiert: Er galt als naiver Träumer, wurde als Hippie belächelt und als Utopist abgetan. Für manche war er vielleicht sogar ein moderner Hofnarr, der den Finger in die Wunden legen durfte, ohne dafür sanktioniert zu werden. Irgendwie ein bisschen verrückt in seiner Radikalität, irgendwie auch im Recht, aber alles in allem zu harmlos, nett und sympathisch, um ernsthaft angefeindet zu werden.

Beim Begriff »Hofnarr« legt er allerdings Widerspruch ein: »Das mit dem Narren könnte ich nicht ganz so unterschreiben. Der Narr sorgt ja hauptsächlich für Belustigung und das ist nicht mein Anliegen. Ich sehe mich eher als einen aktiven Gestalter, als Anstoßer oder inspirierenden Menschen für andere Menschen.«

An dem Etikett »Utopist« stört er sich hingegen weniger: »Ich glaube, dass uns Utopien immer wieder dazu anregen, unser Handeln zu reflektieren, und uns dazu ermutigen, es besser zu machen. Sie sind ein Wegweiser, der uns zeigt, wohin wir uns bewegen sollten. Ich träume beispielsweise davon, dass in Zukunft jeder Mensch auf der Welt genug zu essen hat. Und ich weiß, dass wir das irgendwann schaffen werden, denn wir haben schon sehr viel bewegt. Es gab früher prozentual viel mehr Menschen auf der Welt, die hungern. Wir sind auf einem guten Weg, denke ich.«

ES BRAUCHT VIEL MEHR GRETAS UND JOCHENS UND RAPHAELS, DIE ANDERE WEGE WÄHLEN UND AUS KONVENTIONEN AUSBRECHEN.
Raphael Fellmer

In diesem Zusammenhang kommt mir Greta Thunberg in den Sinn, die ebenso wie Fellmer selbst oder ich permanent auf gewisse Missstände hinweist. Dafür wird sie persönlich stark angegriffen. Ihr Thema rückt in den Hintergrund. Stattdessen wird öffentlich darüber diskutiert, ob sie von ihren Eltern oder irgendwelchen Beratern fremdgesteuert wird. Brauchen wir mehr von solchen naiv-unerschrockenen Provokateuren, die ihr Ding durchziehen? Liegt darin vielleicht auch deren großer Erfolg?

Wieder strahlt Fellmer und seine Augen leuchten. Ja, er brennt für sein Thema. Und zwar so stark, dass er in anderen Menschen die Begeisterung entzünden kann. »Ich glaube, es braucht viel mehr Menschen, die den Mut haben, aus der Reihe zu tanzen. Es braucht viel mehr Gretas und Jochens und Raphaels. Greta ist bestimmt ein Sonderfall, weil sie mit ihrem kindlichen Alter Hoffnung versprüht. Sie steht für die Rettung der Welt auf, das ermutigt. Aber es braucht viel mehr von diesen Querdenkern, die sich am Rand des Mainstreams befinden, die andere Wege wählen und aus Konventionen ausbrechen.«

Ohne diese Menschen, befürchtet der SIRPLUS-Chef, gibt es eine Stagnation. Und die können wir uns bei den riesigen Herausforderungen nicht leisten. Die Folgen wären massive Probleme: noch stärkere Flüchtlingsbewegungen, Hungerkatastrophen, Klimaveränderungen. Fellmer führt weiter aus: »Diese Menschen brauchen wir, weil sie andere dazu ermutigen, ihre Komfortzone zu verlassen. Auch ich war mit meiner geldfreien Lebensweise ein Provokateur, der die Menschen vor den Kopf stoßen wollte. Aber meine Provokation hatte Methode. Dadurch habe ich sie zum Nachdenken angeregt.«

Doch der Provokateur hat sich weiterentwickelt und gelernt, dass der Weg zum Ziel lang ist und nur über das Establishment funktionieren kann. Das Establishment dankte es ihm: 2019 bekam er den Nachhaltigkeitspreis verliehen. Für Fellmer kein Widerspruch, sondern ein organischer Prozess des Dazulernens. »Ich denke, dass wir uns oft selbst im Weg stehen, weil wir uns bestimmten Werten unterordnen. Ich habe immer propagiert, dass fleischlose Ernährung wichtig ist, dass Bio wichtig ist. Aber das beschränkt einen natürlich auch. Hier im Laden sind wir deshalb sehr pragmatisch. Ich persönlich esse kein Fleisch und keine tierischen Produkte und würde mich am liebsten komplett von Bio ernähren. Wir haben hier aber ebenso Sachen, die nicht wirklich gesund sind: Getränke mit viel Zucker zum Beispiel. Fleisch- und Milchprodukte, die nicht aus der bestmöglichen Haltung stammen, oder Produkte von Weltkonzernen, mit deren Politik ich nicht übereinstimme. Aber wir wollen SIRPLUS undogmatisch halten. Solange es Menschen gibt, die Produkte konsumieren, in denen Zucker ist oder für die Tiere gelitten haben, können wir diese Lebensmittel auch retten und zurück in den Kreislauf bringen. Ich glaube, das erleichtert vielen letztlich auch den Umstieg auf eine nachhaltigere Ernährung mit mehr Bio, mehr regionalen und pflanzlichen Produkten.«

Diese Entwicklung weg vom Dogmatismus war sicherlich auch nötig, um SIRPLUS zu gründen. Einer der wichtigsten Unterstützer des Start-ups ist die Metro: 150.000 Mitarbeiter, Jahresumsatz mehr als 35 Milliarden Euro. Nicht unbedingt der Geschäftspartner, den man bei einem ehemaligen Geldverweigerer erwarten würde.

Doch Fellmer rückt das Bild des ewigen Querkopfes zurecht: »Es kann sein, dass es von außen betrachtet so aussah, als wäre ich der große Kapitalismuskritiker gewesen. Einer, der gegen das Establishment kämpft. Aber wir sind alle Teil des Kapitalismus. Ich habe mich sogar auch in meinen fünf geldfreien Jahren als Kapitalist gesehen, denn ich habe vom Kapitalismus profitiert. All die Überschüsse, von denen ich gelebt habe, jede Straße, die ganze Infrastruktur ist ja ein Ergebnis des Kapitalismus. Aber ich spüre, dass ein Wandel innerhalb der Unternehmen stattfindet.«

Er erzählt von den vielen Chefs und CEOs, mit denen er gesprochen hat und die sich um Nachhaltigkeit bemühen. Sie seien vor riesige Karren gespannt, mit denen nicht mal eben eine 180-Grad-Wende eingeleitet werden könne, erklärt er. Veränderungen müssten in kleinen Schritten vollzogen werden, um möglichst viele Menschen, Mitarbeiter und Kunden mitzunehmen. Das grundsätzliche Verständnis für nachhaltigere Business-Modelle sei aber selbst in Kapitalgesellschaften wie *Black Rock* – Milliarden Dollar schwer – inzwischen angekommen. Ob aus wirtschaftlichen oder ethischen Gründen, sei dahingestellt.

Ich spüre in meiner tagtäglichen Arbeit häufig eine größere Skepsis, wenn es um die Geschäfte der Handelskonzerne geht. Oft heißt es, die Unternehmen würden sich lediglich einen sozialen Anstrich geben, wenn sie mit den Tafeln kooperierten. Das sei gut fürs Image und reduziere gleichzeitig auch noch die Entsorgungskosten. Kann es sein, dass Organisationen wie die Tafel oder SIRPLUS dieses Verhalten der Unternehmen sogar noch fördern? Wir Lebensmittelretter als das soziale Feelgood-Pflaster für knallharte Manager? Was sagt der Kollege dazu? Sind Tafeln und SIRPLUS Teil des Problems?

»Das ist eine gewagte These, die ich so nicht unterschreiben kann«, wendet er ein. »Es ist zu einfach zu glauben, dass die Unternehmen sich nur dann nachhaltiger aufstellen würden, wenn es keine Tafeln gäbe. Es mag sein, dass es in einzelnen Unternehmen vielleicht hier und da mal so läuft, aber das ist nicht die Regel. Ich habe mit vielen Menschen gesprochen, auch mit den Entscheidern in großen Unternehmen, und ich fand dort sehr viel Menschlichkeit und ethisches Bewusstsein. Nun arbeiten wir verstärkt mit Bio-Betrieben und da mag die Affinität zu diesem Thema vielleicht etwas größer sein, aber es ist nun mal so, dass wir es überall mit Menschen zu tun haben. Auf jeden Fall glaube ich nicht, dass weniger Lebensmittel weggeschmissen würden, wenn es Tafeln und Foodsharing nicht gäbe. Es ist vielmehr so, dass Tafeln und andere neues Bewusstsein fördern und in ihren Möglichkeiten Missstände sichtbar machen.«

In der Verkaufshalle wird es etwas lauter, das italienische Fernsehteam ist da. Fellmer unterbricht kurz unser Gespräch und plaudert ein wenig mit den TV-Leuten. In fließendem Italienisch. Es wird gelacht, alle sind zufrieden, er weiß, wie man Menschen mitnimmt. Und ich weiß, dass die Uhr tickt. Wir sind auf der Zielgeraden unseres Gespräches.

Ich komme noch einmal auf die Ambivalenz unserer Arbeit zu sprechen. SIRPLUS profitiert ebenso wie die Tafel und zahlreiche weitere Organisationen vom Überfluss. Wir geben überschüssige Lebensmittel an arme Menschen weiter. Da ist ein System, das es nicht schafft, Menschen mit einem Auskommen zu versehen, das ihnen ein lebenswertes Leben ermöglicht. Und gleichzeitig sind diese Menschen auf die Reste des Überflusses angewiesen. Ein zweischneidiges Schwert.

WIR VERSCHWENDEN EINFACH ZU VIEL. UND WIR KÖNNEN NICHT DARAUF WARTEN, DASS ALLE UNTERNEHMEN VERANTWORTLICHER PLANEN.
Raphael Fellmer

Hier wird der Utopist wieder pragmatisch. »Wir verschwenden einfach zu viel. Und wir können nicht darauf warten, dass alle Unternehmen verantwortlicher planen oder die Gesellschaft radikal umdenkt. Ich glaube, es braucht diesen Puffer von Organisationen wie der Tafel – und zwar jetzt«, erklärt er. Und weiß aber auch, dass sich dies auf absehbare Zeit nicht ändern wird. »Das ultrafrische Angebot gehört halt zum Geschäftsmodell der Metro und das werden die auch weiterhin verfolgen. Überschüsse wird es also immer geben. Und genauso ist es beim Bauern. Auch er hat immer seinen Ausschuss, der zu groß, zu klein oder zu hässlich ist. Wir haben in diesem Land so hohe Standards und eine so gesättigte Gesellschaft, in der wir es gewohnt sind, auch spätabends noch frische Brötchen zu bekommen und jederzeit sämtliche exotischen Obstsorten frisch im Regal zu finden. Das wird sich vermutlich auch nicht ändern. Das wäre ein unglaublich krasser gesellschaftlicher Wandel. Es wird sicherlich auch Bäckereien geben, die anders agieren, die einfach den Laden zumachen, wenn sie um 16:00 Uhr ausverkauft sind. Aber der Großteil unserer Gesellschaft wird auch weiterhin zu jeder Uhrzeit alles kaufen wollen. Umso wichtiger ist es, dass wir das Konzept der geretteten Lebensmittel ebenso etablieren wie Bio, vegan oder Fairtrade. Das ist ein riesiger, fetter neuer Markt, der weltweit 1,6 Milliarden Tonnen schwer ist. Und diesen Markt müssen wir so hip, cool, sexy, schön und wohlfühlmäßig machen, dass alle Menschen partizipieren wollen und können. Denn es gibt immer mehr Menschen, die die B- und C-Waren ganz bewusst suchen und eben auch das krumme, hässliche Gemüse kaufen wollen.«

Zum Schluss komme ich noch auf ein etwas sensibles Thema zu sprechen. Es gibt Menschen, die containern gehen, es gibt Internetplattformen wie foodsharing.de, es gibt die Tafeln und es gibt kommerzielle Angebote wie SIRPLUS. Manche sprechen von einer Konkurrenzsituation unter den Lebensmittelrettern und sehen einen Kampf um die Krümel vom großen Kuchen. Der 35-Jährige ist hier ganz Botschafter der gesamten Lebensmittelrettungsidee, sieht in erster Linie das große Ganze und fordert noch viel mehr Lobbyarbeit auf europäischer Ebene.

»Das ist keine Konkurrenz, sondern ein Miteinander. Und ich glaube, dass wir eine richtig starke Lobby von Lebensmittelrettern aus ganz Europa brauchen. Von den 18 Millionen Tonnen Lebensmittelüberschuss in Deutschland rettet die Tafel gerade einmal 264.000 Tonnen. Es braucht einfach verschiedene Akteure. Die Menschen, die containern gehen, werden sicherlich keinen Bundesverband gründen, aber trotzdem sind sie auch Akteure. Mit SIRPLUS wollen wir das Thema weiter aus der Nische holen. Kleine und große Organisationen, Unternehmen und Initiativen ziehen am gleichen Strang. Und ich glaube, dass wir viel Geld in die Hand nehmen müssen, damit wir kompetente Leute vor Ort in Brüssel haben, die unsere Interessen verfolgen. Sie haben es in Deutschland geschafft, mit dem Bundesverband eine Dachorganisation der Tafeln zu gründen, und dadurch eine ganz andere Stimme und Position in der Gesellschaft bekommen. Das müssen wir jetzt auf europäischer Ebene schaffen und schauen, wie wir gemeinsam noch viel mehr bewirken können.«

Die Tafeln und Foodbanks sind bereits europäisch aufgestellt – in 24 Ländern kooperieren sie über Landesgrenzen hinweg und arbeiten auf allen Ebenen eng zusammen. Sie haben das Thema Lebensmittelüberschüsse auf der Agenda und sehen sich hierbei immer auch als Klimaaktivistinnen: Sie fordern, die gesamte Wertschöpfungskette (Herstellung, Transportwege usw.) anzuschauen und nicht immer nur das Ende in den Blick zu nehmen, wie beispielsweise das Thema Containern. Der eigentliche Skandal ist dabei nicht ausschließlich die Kriminalisierung des Containerns, sondern die Tatsache, dass diese Lebensmittel überhaupt im Müll landen, während an anderen Stellen der Welt Hunderttausende Menschen verhungern. Und ja: Lebensmittelrettung und Klimaschutz fangen immer auch im eigenen Kühlschrank an und betreffen alle – ausnahmslos. Unternehmen, Politik, Gesellschaft, dich und mich.

Während sich Fellmer bereits um die italienischen Fernsehleute kümmert, packe ich meine Sachen zusammen. Ich habe großen Respekt für all das, was dieser Mann in seinem Leben bereits erreicht hat. Ist er ein Träumer? Natürlich! Die Idee einer besseren Welt ist sein Antrieb. Aber gleichzeitig spielt er virtuos auf der Klaviatur des Möglichen und betreibt eine undogmatische Politik der kleinen Schritte. So erreicht er richtig viele Menschen. Ein guter Typ. Und ich bin mir sicher, dass wir noch viel erreichen werden. Einzeln und gemeinsam.

MACHBAR:

Resteläden nutzen

Kaufen Sie bei Händlern, die sich auf Produkte mit kurzer Mindesthaltbarkeit oder aus Überproduktionen spezialisiert haben. Die Vielfalt solcher Läden ist inzwischen ziemlich groß und reicht von Anbietern wie SIRPLUS, die sich auf hochwertige Bioprodukte und vegane Lebensmittel spezialisiert haben, bis hin zum Sonderpostenverkauf auf Sonntags- und Trödelmärkten: https://sirplus.de/.

»DIE LEUTE HABEN BOCK AUF POLITIK!«

JÖRG PILAWA

Heute hat es mich nach Hamburg verschlagen. Es ist einer dieser Tage, an denen man zum ersten Mal im Jahr spürt, dass bald der Frühling kommt. Kalt, aber sonnig.

Unser Treffpunkt befindet sich in der HafenCity. Die ehemaligen Speichergebäude beherbergen heute Agenturen, Kreative, Künstler und jede Menge Medienunternehmen. Selbst diese hippe Umgebung wirkt sehr gediegen und bürgerlich. Wenn Berlin in der Familienaufstellung der deutschen Metropolen so etwas wie der anarchistische Rotzlöffel mit einem Dosenbier in der Hand ist, dann ist Hamburg die Tee trinkende reiche Erbtante. Trotz Hafenstraße, Reeperbahn und Roter Flora. Hier wirkt alles etwas aufgeräumter. Ohne dabei in Spießigkeit zu verfallen.

In Hamburg hat das bürgerliche Engagement eine lange Tradition. Diejenigen, denen es gut geht, unterstützen vielfach ganz selbstverständlich diejenigen, die es nicht so gut getroffen haben im Leben. Das zeigen nicht zuletzt die 1.400 Stiftungen, die in der Stadt gemeldet sind. Eine beeindruckende Zahl. Darüber hinaus ist Hamburg die Medienstadt des Landes. SPIEGEL und ZEIT erscheinen hier, bedeutende Buchverlage, Fernsehsender und weit mehr als 2.000 Werbeagenturen erreichen unzählige Menschen und prägen die öffentliche Meinung.

Hier treffe ich heute einen absoluten Medienprofi, der seit gut 20 Jahren eines der bekanntesten Fernsehgesichter ist: Jörg Pilawa. Mit ihm möchte ich über die Rolle der Medien reden, über Meinungsmache und Meinungsmacher, über Shitstorms, die junge Generation und bürgerliches Engagement. Außerdem gibt es noch etwas zu feiern: Mit unserem Treffen wird Jörg Pilawa zum ersten Tafel-Botschafter ernannt. Und hoffentlich werden weitere Menschen diesem Beispiel folgen.

Wir sitzen im Meeting-Raum seiner Produktionsfirma, die alten Balken des früheren Speichergebäudes sind freigelegt, alles wirkt modern und dennoch warm. Pilawa hat es geschafft – die Liste seiner Shows auf

Wikipedia ist länger als ein Stau am ersten Tag der Sommerferien. Dabei kam er nur über Umwege in die Medienbranche. Zunächst hatte er Medizin und Geschichte studiert. Nacheinander. Erfolglos. »Es war relativ schnell klar, dass ich kein Arzt werden wollte. Aber mein bester Freund aus Abiturzeiten hat im Gegensatz zu mir erfolgreich sein Studium beendet. Er ist heute als Gastroenterologe tätig. Wenn ich sehe, dass er sich zwei Drittel seiner Arbeitszeit mit Versicherungen und Gutachten rumschlägt, dann denke ich: alles richtig gemacht!«

Das hat er zweifellos. Und gehört damit zu der kleinen Gruppe von Menschen, die man als privilegiert bezeichnen darf – sowohl, was das Einkommen angeht, als auch in der öffentlichen Wahrnehmung. Trotzdem ist er seit vielen Jahren ehrenamtlich engagiert und unterstützt Organisationen wie Aktion Mensch, den World Future Council und eben auch die Tafel. Was denkt so einer, der sich nahezu alle materiellen Wünsche relativ leicht erfüllen kann, über Armut? Und was ist eigentlich Luxus für ihn?

WIR MÜSSEN ÜBER EINEN MINDESTLOHN VON 15 ODER 20 EURO SPRECHEN.

Jörg Pilawa

Für den 53-Jährigen gibt es unterschiedliche Formen der Armut. Die harte, rein materielle Armut und die nicht zwingend damit einhergehende emotionale Armut. »Ich kenne recht viele Menschen, die materiell gar nicht viel haben, die aber emotional durchaus reich sind. Sie haben eine gut funktionierende Familie, erfahren Unterstützung und bewegen sich vielleicht in einer Gemeinde oder Gemeinschaft, in der sie angekommen und verankert sind«, erklärt der Moderator. »Das sind Menschen, die ich respektvoll bewundere, weil sie sich jeden Kauf überlegen müssen und ihr Leben trotzdem hinbekommen.«

Er kennt aber auch die anderen, die trotz Wohlstand und Luxus emotional verarmt sind. Verhärmte Menschen. Wirklich arme Menschen. Jenseits dieser eher abstrakten Einteilung wird er aber durchaus konkret: »Eine gewisse Form der materiellen Armut darf es in Deutschland einfach nicht geben. Wir müssen nicht über einen Mindestlohn von neun Euro sprechen, sondern über 15 oder 20.«

Damit spricht er vielen Menschen aus der Seele. Insbesondere in den großen Metropolen reißt die Miete riesige Löcher ins Budget. Familien mit zwei oder mehr Kindern finden in München, Berlin oder eben Hamburg keinen Wohnraum unter 1.000 Euro. »Wenn der Familienvater mit 1.700 Euro netto nach Hause kommt, frage ich mich: Wie soll man davon leben? Und wenn ich dann Politiker höre, die den Ratschlag geben, dass diese Menschen einfach am Monatsende etwas mehr beiseitelegen sollen, da könnte ich kotzen. Wovon soll denn die Krankenpflegerin, die es so gerade schafft, über die Runden zu kommen, noch etwas beiseitelegen? Und selbst wenn sie irgendwie 50 Euro abzwacken kann, dann reden wir von 600 Euro im Jahr. Das sind 6.000 Euro in zehn Jahren. Was soll denn da zusammenkommen bei einem Zinsniveau von nahezu null Prozent?«

Durch meine Arbeit bei der Tafel komme ich mit vielen Menschen ins Gespräch. Sowohl mit scheinbar »wichtigen« Menschen aus Politik, Wirtschaft und Kultur als auch mit den Tafel-Kunden vor Ort, die sich darüber freuen, für sehr wenig Geld eine Tasche voller Lebensmittel zu bekommen – auch wenn es »ausgemusterte« und gespendete Lebensmittel sind. Gerade diese Widersprüchlichkeiten gehören auch zur Tafel-Arbeit.

Ich erzähle Jörg Pilawa von dem Gespräch, das ich kürzlich mit einem sehr wohlsituierten Mann hatte. Er sagte, dass er manchmal ein schlechtes Gewissen habe, weil es ihm so gut ginge. Ich selbst sehe das

differenzierter: Menschen dürfen von mir aus viel Geld verdienen, denn so haben sie die Möglichkeit, auch viel zu geben, Gutes zu tun und direkte Verantwortung zu übernehmen. Unsere Gesellschaft braucht definitiv beides: ausreichend staatliche Grundbedingungen und Absicherungen, beispielsweise im Alter, in der einkommensunabhängigen Bildung oder beim Thema gerechte Löhne – aber eben auch gesellschaftliches Engagement des Einzelnen. Klingt irgendwie naiv und ist doch auch eine Hoffnung, damit sich diese Gesellschaft nicht weiter spaltet, sondern mehr solidarisiert.

ICH FINDE DEN KIRCHLICHEN ANSATZ DES ZEHNTEN GAR KEINE SCHLECHTE RICHTLINIE, ALSO DES PRINZIPS, EIN ZEHNTEL DES EINKOMMENS FÜR SOZIALE ZWECKE EINZUSETZEN.

Jörg Pilawa

Jörg Pilawa sieht das ähnlich, spricht von Pflicht und Schuldigkeit, der Gesellschaft etwas zurückzugeben. »Ich finde den kirchlichen Ansatz des Zehnten gar keine schlechte Richtlinie, also des Prinzips, ein Zehntel des Einkommens für soziale Zwecke einzusetzen«, sagt er. »Wobei ich mit der Kirche an sich durchaus meine Probleme habe!«

Aus der katholischen Kirche trat der überzeugte Christ 2013 aus – nach den verschwenderischen Vorfällen im Bistum Limburg und immer neuen Berichten über Missbrauchsfälle. Er wechselte zu den Protestanten, verließ aber auch diese Gemeinschaft wieder. Die eingesparte Kirchensteuer verteilt er nun ganz individuell.

»Ich möchte gern Einfluss darauf haben, was mit meinem Geld passiert. Deshalb zahle ich jetzt an einzelne Projekte der christlichen Kirche, protestantisch wie katholisch, die ich für unterstützenswert halte.«

Er ist sich seiner privilegierten Stellung sehr bewusst und vergleicht seinen Job mit dem von Profisportlern. »Wir sind selbstständig, wir sind im Risiko und wir wissen nie, wie lange es noch läuft. Bei mir läuft es seit über zwanzig Jahren gut; damit bin ich allerdings die Ausnahme. Und ich habe dadurch die Chance, auch mehr zurückzugeben.« Die Gehälter von Topmanagern hält er hingegen für unmoralisch, zumal sie längst nicht immer Verantwortung übernähmen. Dem Diesel-Manipulationsskandal bei den großen Automobilherstellern folgten zwar einige personelle Veränderungen innerhalb der Unternehmen, die höchsten Führungsebenen sitzen aber immer noch auf ihren Vorstandssesseln.

Aber Luxus ist für Jörg Pilawa sowieso nichts Materielles, Luxus bedeutet für den viel beschäftigten TV-Mann, Zeit mit seiner Familie zu haben. Und diese Zeit nimmt er sich auch bewusst: »Ich nehme mir zum Beispiel in allen Schulferien frei. Sechs Wochen im Sommer, zwei Wochen im Frühjahr und Herbst und zu Weihnachten natürlich auch. Damit habe ich unterm Strich definitiv mehr Urlaub als die meisten anderen Menschen. Das ist ein Luxus, den ich mir nur leisten kann, weil ich die finanziellen Möglichkeiten habe.«

Wäre ich an seiner Stelle, fände ich es wahrscheinlich luxuriös, unerkannt durch die Einkaufsstraße zu bummeln. Bei einer kleinen Umfrage in meinem Bekannten- und Freundeskreis kannte so gut wie jeder »den Pilawa«. Und erstaunlicherweise auch viele junge Menschen, denen eigentlich nachgesagt wird, dass sie gar kein klassisches Fernsehen mehr konsumieren, sondern nur noch auf YouTube, Snapchat, Twitter und Instagram unterwegs sind. Schnell, direkt und leider oft auch ungefiltert.

Der Medienmensch Pilawa muss sich schon aus Berufsgründen mit dem Medienkonsum von jungen Menschen befassen. Und kennt die Fallstricke wie Fake News und Informationsüberfluss. »Das haben wir ein Stück weit Donald Trump und Konsorten zu verdanken. Selbst deutlich erkennbare Fake News haben für junge Menschen einen echten Unterhaltungswert. Die Amtseinführung von Trump, von der er behauptete, dass noch nie so viele Menschen bei solch einer Einführung waren, war erkennbar eine Falschmeldung. Das konnte man durch die Fotos ja sogar sehen. Meine Kinder sagen da: Ist doch lustig. Sie finden das unterhaltsam. Das ist schlimm! Wenn politische Fake News als Unterhaltung wahrgenommen werden, ist das für die gesamte politische Kultur in unserem Land eine Katastrophe. Die Schulen müssen den jungen Menschen mehr Medienkompetenz vermitteln und ihnen aktiv zeigen, dass es sich lohnt, Dinge kritisch zu hinterfragen, sich für andere einzusetzen und sich politisch zu engagieren. Denn das ist die einzige Chance, unsere Demokratie auch für die kommenden Generationen zu retten. Wenn das nicht passiert und wir nur noch den Dampfplauderern und Dumpfbacken der AfD folgen, dann wird es wirklich gefährlich.«

Doch auch die Produzenten von scheinbar seriösen Nachrichten bekommen ihr Fett weg. Mehr als einmal ist Pilawa selbst das Opfer von Falschmeldungen, schlecht recherchierten Artikeln und Shitstorms geworden. Er schildert ein drastisches Beispiel: »Vor ein paar Jahren rief mich ein Journalist eines führenden deutschen Nachrichtenmagazins an und berichtete mir von einer Geschichte, die er über mich gehört hatte. Es ging darum, dass ich mich angeblich als Produzent und Moderator danebenbenommen und versucht haben soll, zwei Sender gegeneinander auszuspielen. Ich wusste, dass diese Berichte von einem meiner Mitbewerber kamen, und versicherte dem Journalisten, dass an dieser Geschichte nichts dran sei. Und dass ich dies auch eidesstattlich erklären könnte. Als Antwort bekam ich: Herr Pilawa, ich lasse mir doch von Ihnen nicht meine Geschichte kaputt machen. Und er veröffentlichte den Artikel genau so, wie er ihn mir vorgestellt hatte.«

DIE LEUTE HABEN BOCK AUF POLITIK UND GESELLSCHAFTLICHE TEILHABE. MAN MUSS SIE NUR ANSPRECHEN.

Jörg Pilawa

In kleinerem Umfang kenne ich das auch. Ich bin ein Gesicht der Tafel und in dem Moment, in dem ich mich positioniere und an die Leute appelliere, eben nicht in ein Schwarz-Weiß-Denken zu verfallen, bekomme ich komische Mails und werde angegriffen: »Wir wissen, wo du wohnst«, liest man dann auf einmal. Ich habe Familie, ich habe Freunde, und ja, das macht etwas mit einem. Ich möchte mir gar nicht vorstellen, wie es der

ZDF-Moderatorin Nicole Diekmann erging, nachdem sie auf Twitter ein kurz-knackiges »Nazis raus« postete und dafür einen Shitstorm erntete. In den sozialen Medien geht das schnell. Unterschiedliche Meinungen prallen hier ungebremst aufeinander. Und manchmal habe ich den Eindruck, dass auch die Nutzer hinter ihren Accounts sich zunehmend unversöhnlicher gegenüberstehen. Veganer, Feministinnen, AfD-Wähler, Atheisten, Digital-Aktivisten – die Internetgemeinde fragmentiert sich. Gräben werden tiefer. Und täglich wird eine neue Sau durchs Dorf getrieben.

Ich frage den Medienprofi, wo dieser Empörungspopulismus wohl herkommt. »Das ist eine super Frage, die ich mir auch immer wieder stelle«, sagt er und erklärt, dass er glaubt, die extremeren Meinungen würden einfach stärker wahrgenommen werden. »Es sind immer nur die zwanzig Prozent links und rechts vom Mainstream, die mediale Beachtung finden. Die übrigen achtzig Prozent werden nicht abgebildet! Die Menschen, die normal über Dinge denken, die vernünftig an Probleme herangehen, die sachlich über den Dieselskandal reden, die normal über die Zuwanderung oder über Altersarmut sprechen, die differenziert über unser Gesundheitssystem denken – die finden nicht statt. Aber genau die müssen aufstehen. Die vielen Onlinepetitionen, die wir inzwischen haben, sind eine Möglichkeit dazu. Wenn man sieht, dass sich die Deutsche Umwelthilfe inzwischen so positioniert hat, dass selbst Kanzleramt und Automobilindustrie zittern ... dann haben wir wieder eine politische Diskussion in Deutschland. Die Leute haben Bock auf Politik und gesellschaftliche Teilhabe. Man muss sie nur ansprechen.«

Ich mache einen Themenwechsel, weil unsere Gesprächszeit fast um ist. Der Terminkalender des gebürtigen Hamburgers ist voll und auch ich möchte noch eine Ausgabestelle vor Ort besuchen und den Ehrenamtlichen so meine Wertschätzung zeigen. Denn jeder der 60.000 Tafel-Mitarbeiter macht diese Gesellschaft gleich an zwei Fronten ein wenig besser: Armut wird gelindert und Lebensmittel werden gerettet. Untersuchungen haben dabei ergeben, dass das Angebot der Tafeln erstaunlich gesund ist, weil wir relativ viel frisches Obst und Gemüse verteilen. Was ich besonders gut finde: In zahlreichen Ausgabestellen wird gemeinsam gegessen.

Ich selbst lebe in einer Gemeinschaft mit zwölf Personen und wir teilen uns eine große Küche. Sie ist ein wichtiger Ort für uns. Dort trifft man sich, kommt ins Gespräch, redet über Schönes und Probleme. Diese Begegnungen finden in vielen Familien leider nicht mehr statt. Viele Schüler sind Schlüsselkinder, gekocht wird aus der Dose, gegessen vor dem Fernseher. Dadurch gehen Kulturtechniken verloren. Gekocht wie bei Oma wird schon lange nicht mehr, das Wissen um Lebensmittel – und damit auch um eine gute Ernährung – geht verloren. Vom geselligen Austausch am Esstisch ganz zu schweigen.

Für Jörg Pilawa sind die Mahlzeiten im Kreis der Familie sehr wichtig. Trotz vieler Termine versucht er, sooft es geht, gemeinsam mit Frau und Kindern zu essen. Etwas, das er aus seiner Kindheit mitgenommen hat. »Das fand ich in der Pubertät natürlich total blöd, aber es hat mir letztendlich viele schöne Erinnerungen geschenkt. Wie wir über lustige Erlebnisse redeten, über politische Themen, gesellschaftliche Ereignisse. Heute haben wir das Glück, dass unser Sohn ein begeisterter Koch ist, der Spaß daran hat, mit frischen Lebensmitteln zu arbeiten.«

Für die Schulen wünscht er sich ein Pflichtfach »Ernährung und Kochen«, damit insbesondere Kinder aus sozial schwachen Familien lernen, dass man sich auch mit sehr wenig Geld gut und gesund ernähren kann. Diese Forderung kann ich voll unterstützen. Generell haben es Kinder aus armen Verhältnissen schwerer an der Schule. Armut wird inzwischen »vererbt« und Schülern aus sozial schwachen Familien gelingt der Aufstieg nur sehr selten. Ist dem Familienvater bewusst, dass unter den Mitschülern seiner Söhne und Töchter Kinder sind, die wahrscheinlich nie den Aufstieg schaffen werden? Ist gute Bildung inzwischen ein Luxusgut?

ES BESCHÄMT MICH, DASS IN DIESEM LAND DIE SOZIALE HERKUNFT DARÜBER ENTSCHEIDET, WELCHE SCHULKARRIERE KINDER MACHEN.
Jörg Pilawa

Jörg Pilawa ist ernüchtert: »In Deutschland leider ja. Es beschämt mich, dass in diesem Land die soziale Herkunft darüber entscheidet, welche Schulkarriere Kinder machen. Niemand hinterfragt, woran es liegt, dass solche Schüler es schwerer haben, aber die Angst vor dem sozialen Abstieg der eigenen Kinder ist allgegenwärtig.«

Er erzählt von seinen Eltern, die deutlich entspannter waren. »Für die wäre es gar nicht schlimm gewesen, wenn ich in der Schule versagt hätte. ›Dann machst du halt erst eine Lehre und gehst dann über den zweiten Bildungsweg weiter‹, hätten sie gesagt. Das ist doch völlig in Ordnung. Manche sind halt Spätzünder und kommen erst mit fünfundzwanzig auf die Idee, doch noch das Abitur machen zu wollen. Das geht ja alles bei uns. Doch das Leistungsdenken hat sich komplett verändert und reicht bereits in die Grundschulen rein. Vom ersten Schuljahr an gibt es die Befürchtung, dass es das eigene Kind nicht schaffen könnte.« Pilawa berichtet von einem führenden deutschen Hirnforscher, mit dem er eine Sendung gemacht hat. Der Forscher war an Schulreformen in Kanada und Neuseeland beteiligt – aus der deutschen Politik wurde er hingegen nicht angefragt. Der Prophet im eigenen Land ...

Unser Gespräch ist vorbei und wir gehen noch ein wenig in der Vorfrühlingssonne durch die HafenCity. Mir imponiert es, wie bodenständig Pilawa geblieben ist, mit einem feinen Gespür für die Befindlichkeit des Landes und dem Bewusstsein, der Gesellschaft etwas zurückgeben zu müssen. Ein typischer Hamburger eben.

Auch die Shitstorms im Netz sitzt er inzwischen gelassen aus und hat einen guten Tipp für mich. »Was mich immer ein Stück weit beruhigt, ist die Tatsache, dass die Empörung meist ebenso schnell wieder verfliegt, wie sie entstanden ist. Ich glaube, wir müssen lernen, nicht immer so reflexartig zu reagieren. Ich zitiere da gern das preußische Militärrecht, obwohl ich eigentlich kein Freund des Militärs bin. Dort gab es einen Paragrafen, der dazu riet, vor wichtigen Entscheidungen eine Nacht darüber zu schlafen. Ein guter Grundsatz, wie ich finde.«

MACHBAR:
Ausgequetscht – der letzte Rest

Egal ob Marmeladenglas, Ketchupflasche oder Tomatenmark in Dosen: Oft bleiben hartnäckige Reste in den Behältnissen zurück. Ketchup und Co. können Sie mit ein wenig warmem Wasser auf die Sprünge helfen. Ein paar Teelöffel Wasser in die Flasche, Deckel drauf, kräftig schütteln und raus ist der Rest. Den können Sie einfrieren und zum Beispiel für Ihre nächste Tomatensoße verwenden. Wenn Sie scheinbar leere Marmeladen- und Schokocreme-Gläser mit heißer Milch auffüllen, haben Sie einen leckeren Kakao oder abgekühlt einen Shake für kühle Abende.

»MAN MUSS HOFFNUNGSVOLL IN DIE ZUKUNFT BLICKEN«

BARBARA HENDRICKS

Wenn man im Berliner Regierungsviertel einen Abgeordneten treffen möchte, fühlt man sich schnell ein wenig unbehaglich. Bereits im Vorfeld muss man sich schriftlich mit Namen und Adresse anmelden und wird gebeten, seinen Ausweis vorzulegen. Am Bürogebäude des Politikers heißt es dann: Ausweis abgeben, durch verschiedene Schleusentüren treten, Hosen- und Jackentaschen entleeren und den Inhalt zum Durchleuchten in eine rote Plastikbox legen. Metalldetektor-Check und die Frage: »Haben Sie elektronische Geräte dabei?« Flughafenfeeling. Aber ohne Urlaubsstimmung.

All jene, die sich beklagen, dass unsere Politiker nicht näher an den Bürgerinnen und Bürgern sind, finden sich hier sicherlich bestätigt. Andererseits muss ein Gebäude mit vielen Abgeordneten mitten in Berlin natürlich geschützt werden, das sehe ich schon ein. Aber kommunikativ, offen und niedrigschwellig ist das alles nicht.

Egal, irgendwann bin ich schließlich drin im Gebäude, ordne meine Sachen und werde auch schon von einem Mitarbeiter meiner heutigen Gesprächspartnerin abgeholt. Diese ist Barbara Hendricks, die ehemalige Bundesministerin für Umwelt, Naturschutz, Bau und Reaktorsicherheit im Kabinett Merkel. Ich wollte für dieses Buch bewusst keine aktuellen Verantwortungsträger, aber jemanden, der sich mit dem Thema auskennt. In einer Gesellschaft, in der Klimaschutz und Nachhaltigkeit zunehmend wichtiger werden, ist sie die ideale Ansprechpartnerin.

Und wie schon erwähnt: Lebensmittelrettung ist auch Klimaschutz, den wir jeden Tag leisten können. Wir müssen es nur wollen. Also bin ich hier genau richtig. Schließlich kommt sie herein, warnt mich aber gleich vor, dass sie wenig Zeit hat.

Also gehen wir gleich in medias res. Einen Satz von ihr habe ich seit ein paar Jahren in meinem Fundus und zitiere ihn immer gern: »Die Tafeln sind eine der großen sozial-ökologischen Bewegungen«, hat sie mal gesagt. Das gefällt mir. Aber ich frage trotzdem nach, wie sie darauf kommt, Umweltschutz, Klimaschutz und soziales Engagement miteinander zu verknüpfen, als wäre das völlig selbstverständlich.

UMWELTSCHUTZ UND ARMUTSBEKÄMPFUNG SIND ZWEI SEITEN DER GLEICHEN MEDAILLE.

Barbara Hendricks

Die 67-Jährige antwortet wie aus der Pistole geschossen, und mit ihrer markant-kräftigen Stimme bringt sie sehr schön zum Ausdruck, dass Widerspruch zwecklos ist: »Natürlich hängt das zusammen. Das ist doch klar. Umweltschutz und Armutsbekämpfung sind zwei Seiten der gleichen Medaille.« Zum Glück erklärt sie diesen Gedanken aber gleich noch ein wenig ausführlicher: »Umweltschutz bedeutet auch eine angepasste Landwirtschaft und eine angepasste Lebensmittelproduktion. Eine, die den Menschen im Sinne der Ernährung dient. Es ist ja eine Mindestvoraussetzung der Armutsbekämpfung, dass die Menschen sich ernähren können. Wir haben ein Ökosystem, und innerhalb dieses Ökosystems haben wir Menschen, die wirtschaften müssen. Zum Nutzen der Menschen natürlich, aber eben auch unter den Bedingungen, die das Ökosystem überhaupt verträgt und erlaubt. Denn ansonsten würden wir ja – wie man so schön sagt – den Ast absägen, auf dem wir sitzen.«

Sie zuckt die Achseln. »Weltweit werden so viele Lebensmittel produziert, dass wir ohne Probleme auch unter Berücksichtigung des erwarteten Bevölkerungswachstums bis 2050 – Größenordnung: neun bis zehn Milliarden Menschen – alle mit Nahrungsmitteln versorgen könnten. Nur dass die Lebensmittel halt am falschen Ort sind, verschwendet, weggeworfen und ungerecht verteilt werden. Aber es wäre durchaus mehr als genug für alle da. Dass die Tafeln gegen Lebensmittelverschwendung antreten, ist also auch aus ökologischen Gründen gut.«

WER IST DENN DAFÜR VERANTWORTLICH, DASS IN DEUTSCHLAND PRO JAHR 18 MILLIONEN TONNEN LEBENSMITTEL WEGGEWORFEN WERDEN?

Jochen Brühl

Damit wir weiterhin auf unserem Ast sitzen können, müssen Veränderungen her. Da bin ich ganz bei der ehemaligen Ministerin. Aber wie werden diese Veränderungen angestoßen? Als Tafel-Bewegung sehen wir die Themen Lebensmittelverschwendung und Armutsbekämpfung als große gesellschaftliche Herausforderungen, die eben nicht einfach per Gesetz geregelt werden können. Aber wer hat denn jetzt den Schwarzen Peter in der Hand? Wer ist denn dafür verantwortlich, dass in Deutschland pro Jahr 18 Millionen Tonnen Lebensmittel weggeworfen werden? Die Politik, die keine entsprechenden Gesetze verabschiedet? Der Verbraucher, der nur makellose Waren kaufen möchte?

Wer genau den Schwarzen Peter hat, das kann oder will die Politikerin nicht eindeutig verorten. »Ich finde die Arbeit der Tafeln wirklich gut. Sie reduzieren die Vernichtung von Lebensmitteln. Allerdings auch nur aus den Bereichen, die zugänglich sind. Es kommen ja nur Einzelhandel, Großhandel und Herstellung infrage. Vielleicht auch noch ein paar

Unternehmen, die ihre Ausschussware an die Tafeln weitergeben, weil zum Beispiel die Verpackung fehlerhaft bedruckt ist«, sagt sie und ist Profi genug, um die während der Kanzlerschaft Gerhard Schröders eingeführten Sozialgesetze nicht komplett zu verteufeln. Schließlich war sie selbst Mitglied des Bundestages, als Hartz-IV beschlossen wurde. »Natürlich kann man immer fordern, dass die Regelsätze in der Grundsicherung erhöht werden. Das ist schon sehr knapp. Aber diese Sätze werden ja auch regelmäßig angepasst. Es bleibt allerdings in der Tat die untere Auffangebene. Damit hat man noch kein gutes Leben.« Diese Aussage nehme ich zur Kenntnis.

Den Vorwurf an die Tafeln, wir würden den Staat aus der Verantwortung nehmen und indirekt damit die Armut in diesem Land verfestigen, hält sie für verrückt. Und bringt ein Beispiel, um dies zu verdeutlichen: »Es gibt ja unter jungen Menschen die Bewegung des Containerns. Sie gehen zu den Lebensmittelmärkten an den Hinterausgang und durchstöbern den Müll nach verwertbaren Lebensmitteln. Unabhängig davon, ob das jetzt wirklich Diebstahl ist oder nicht, könnte man auch dort sagen, dass der Staat schuld sei, dass diese jungen Leute ihre Lebensmittel aus den Müllcontainern fischen. Weil das BAföG höher sein müsste. Das wäre dieselbe Argumentation. Ist aber genauso verrückt.«

DASS ES EINE GEWISSE RADIKALITÄT BEI JUNGEN MENSCHEN GIBT, IST DOCH KLAR. WENN DIE ALLE SCHON SO ABGEKLÄRT WÄREN WIE DIE 50-JÄHRIGEN – MEIN GOTT, WIE SÄHE DENN DANN UNSERE WELT AUS?
Barbara Hendricks

Ein Gespräch mit einer Politikerin im Jahr 2019 kann man nicht führen, ohne auf die Themen Klimaschutz und Greta Thunberg zu kommen. Zu energisch demonstrieren Kinder und Jugendliche bei der »Fridays for Future«-Bewegung, zu groß sind die Herausforderungen, während Wirtschaft und Politik scheinbar schleppend agieren.

Barbara Hendricks hat Sympathien für die Demos der Heranwachsenden und für deren Radikalität: »Dass es eine gewisse Radikalität bei jungen Menschen gibt, ist doch klar. Das muss auch so sein. Wenn die alle schon so abgeklärt wären wie die 50-Jährigen – mein Gott, wie sähe denn dann unsere Welt aus?«

Sie erzählt vom geplanten Klimaschutzgesetz und vom Pariser Klimaschutzabkommen. »Das wird nun umgesetzt. Mit den Zielen, die darin definiert sind, muss der Plan jetzt runtergebrochen werden, damit die Akteure sich daran halten müssen. Daraus folgen dann auch die Finanzmittel. Wir brauchen eine Rechtsgrundlage für all das, damit es weitergehen kann.«

Hendricks berichtet von Widerständen innerhalb des Parlaments, von fehlenden Positionsvereinbarungen im Verkehrs- und Gebäudebereich und von der Industrie, die in die Lage versetzt werden muss, mit alternativen Energien umgehen zu können. »Bis jetzt kann man Stahl noch nicht mit einem Elektromotor herstellen«, sagt sie nachdrücklich. »Das wird nach wie vor durch die Verbrennung von fossilen Brennstoffen erreicht, weil es nicht anders geht. In so einem Fall muss man überlegen, wie man das CO_2 zurückgewinnen kann, damit es nicht schädlich in der Atmosphäre ist.« Aber auch daran würde bereits gearbeitet, berichtet sie. Und blickt optimistisch in die Zukunft: »Mit den richtigen Maßnahmen wird Deutschland wieder Vorreiter in der Klimaschutztechnologie sein.«

AUS ÖKOLOGISCHER SICHT IST DAS KONZEPT,
HUNDERTE KILOMETER ZU FAHREN, UM LEBENSMITTEL-
ÜBERSCHÜSSE DURCHS LAND ZU TRANSPORTIEREN,
NATÜRLICH VOLLKOMMEN FÜR DIE TONNE.
Jochen Brühl

Unser heutiges Leben ist so komplex. Früher war klar: Das sind die Bösen und das sind die Guten. Das ist richtig und jenes ist falsch. Aber diese Unterscheidungen lösen sich zunehmend auf. Ich erzähle Hendricks von Tafeln in Mecklenburg-Vorpommern, wo der Anteil der von Armut betroffenen Menschen im Verhältnis zur Bevölkerung relativ hoch ist. Dort gibt es eine schwache Infrastruktur. Das heißt: Die örtlichen Tafeln fahren mit einem Diesel-Transporter zum Teil bis nach Bielefeld, um Lebensmittelüberschüsse aus Ostwestfalen zu holen. Für die bedürftigen Menschen ist das sicher gut. Aus ökologischer Sicht ist das Konzept, Hunderte Kilometer zu fahren, um Lebensmittelüberschüsse durchs Land zu transportieren, aber natürlich vollkommen für die Tonne.

Hendricks gibt mir recht, sieht das aber überraschend pragmatisch: »Ökologisch ist das nicht vernünftig, das muss ich auch sagen. Aber warum soll man die Tafeln in dem Punkt kritischer sehen als andere? Wenn man mal auf der Autobahn von Norden nach Süden fährt, wer kommt einem da entgegen? Südfleisch, die ihr Fleisch in den Norden bringen. Und wenn man zurückfährt, wer kommt einem da entgegen? Nordfleisch, die ihre Sachen in den Süden transportieren. Die Lebensmittelströme, die wir haben – und zwar nicht nur innerhalb Deutschlands, sondern weltweit –, sind ja riesig. Nordseekrabben werden nach Marokko gebracht, um dort gepult zu werden, und dann zurück nach Deutschland gekarrt. Da muss die Tafel sich kein schlechteres Gewissen machen, wenn sie gerettete Lebensmittel von Ostwestfalen nach Mecklenburg-Vorpommern bringt. Das ist im Moment noch eine Realität.«

Ich weiß nicht, ob mich die Worte der Bundesministerin a. D. überzeugen können. Aber vielleicht braucht es genau diesen Pragmatismus, um nicht völlig zu scheitern beim Versuch, alles perfekt zu machen. In irgendeinem Artikel las ich mal, dass das Hauptproblem in diesem Land die fehlenden Prioritäten seien. Dieselgate, Ausstieg aus der Kernkraft, Ausstieg aus den fossilen Energien. Die benötigten Trassen von der Nordsee in den Süden kommen nicht voran, weil niemand dafür Ökosysteme zerstören will. Windkrafträder werden seltener gebaut, weil Vögel und Insekten sterben könnten und der Schattenschlag Anwohner verrückt macht. Und die Kaminöfen, noch vor einem Jahrzehnt als CO_2-neutrale Wärmequelle vermarktet, gelten heutzutage als Feinstaubschleudern. Irgendwas ist immer falsch – und deswegen machen wir hier in Deutschland viel zu oft gar nichts. Ein fataler Fehler, wie ich meine.

WAS WIR GANZ SICHER BRAUCHEN, IST EIN ANDERER UMGANG MIT DEM MINDESTHALTBARKEITSDATUM.

Barbara Hendricks

Ich komme auf das Thema Bildung zu sprechen. Wir Tafeln fordern schon länger ein verbindliches Schulfach, in dem die Schülerinnen und Schüler etwas über Lebensmittel und deren Haltbarkeit und Zubereitung erfahren. Viele Menschen – insbesondere die aus prekären Verhältnissen – wissen gar nicht mehr, wie Nahrungsmittel zubereitet werden. Dadurch wird sehr viel eingekauft und dann leider auch weggeschmissen.

Fertigpizzen und Mikrowellen-Reisgerichte stehen fast täglich auf dem Speiseplan. Doch wie ein Radieschen aussieht, wissen viele Kinder schon gar nicht mehr.

Hendricks stimmt mir zu und rennt mit ihrer ersten Forderung offene Türen bei mir ein: »Wir brauchen einen anderen Umgang mit dem Mindesthaltbarkeitsdatum. Das ist auf jeden Fall wichtig«, sagt sie und skizziert, wie sie sich die Veränderung vorstellt. »Das ist ja letztlich eine Regelungslücke, die man leicht schließen könnte. Zum Beispiel indem zwei Daten auf der Verpackung stünden: das Mindesthaltbarkeitsdatum und darunter ein Hinweis nach dem Motto: ›Aller Erfahrung nach soundsoviele Tage weiter verwendbar. Bitte probieren Sie.‹«

IN ABSEHBARER ZEIT WIRD DAS FAHREN MIT GROSSEN AUTOS IN STÄDTEN GENAUSO NEGATIV GESEHEN WERDEN WIE HEUTE DAS RAUCHEN IN GESCHLOSSENEN RÄUMEN.

Barbara Hendricks

Die 67-Jährige spricht von notwendigen gesellschaftlichen Veränderungen, in denen wir uns ihrer Meinung nach aber bereits befinden. Sie zieht Parallelen zwischen Rauchern und Autofahrern: »Ich will mal ein Beispiel nennen, das ich neulich von einem leitenden Funktionär eines Automobilklubs gehört habe. Er geht davon aus, dass in absehbarer Zeit das Fahren mit großen Autos in Städten genau so negativ gesehen werden wird wie heute das Rauchen in geschlossenen Räumen. Wenn man bedenkt, dass das Rauchen in Innenräumen in wenigen Jahren von totaler Akzeptanz zum No-Go geworden ist, macht mich das zuversichtlich.«

Was in unserem Gespräch ganz deutlich wird: Hendricks denkt immer an das große Ganze. Viele ihrer Ausführungen beginnen bei uns in Deutschland und enden ein paar Sätze weiter in Asien, bei der UN oder in Afrika. Sie erwähnt mehrfach die Nachhaltigkeitsziele der Vereinten Nationen, die bis zum Jahr 2030 ein spürbar besseres Leben in allen Regionen unserer Erde ermöglichen sollen.

Die Fakten heute sind niederschmetternd: Mehr als zwei Milliarden Menschen haben keinen Zugriff auf frisches Wasser, mehr als vier Milliarden Menschen haben keine sanitäre Ausstattung. Die Weltbevölkerung wird bis zum Jahr 2050 um rund zwei Milliarden Menschen wachsen. Kurz: Wir stehen vor immensen Herausforderungen in einer globalisierten Welt. Und diese Herausforderungen werden sich auch nur global lösen lassen.

»Das ist vollkommen richtig«, stimmt Hendricks mir zu und zeigt an einem Beispiel, dass wir allein durch Verhaltensänderungen hier in Deutschland die Probleme nicht in den Griff bekommen werden. »Der größte Teil des Meeresmülls kommt über zehn Flüsse in die Weltmeere. Acht der zehn Flüsse liegen in Asien, vier davon in China. Wenn wir im Jahr 2050 etwa zwei Milliarden Menschen mehr auf diesem Planeten haben werden, dann müssen wir schauen, was die Grundbedürfnisse des Menschen sind: Wasser, Nahrung, Kleidung, Wohnung, sanitäre Versorgung, Gesundheitsversorgung, Bildung. Wenn wir also für zwei Milliarden Menschen zusätzlich ein menschenwürdiges Leben ermöglichen wollen, dann benötigen wir nachhaltiges Wachstum. Das werden wir durch Verzicht in den reichen Ländern des Nordens allein nicht schaffen. Dazu sind wir nicht genug Menschen. Auf so viel können wir gar nicht verzichten.«

ALLEIN IN DEUTSCHLAND GIBT ES MEHR PRIVAT GENUTZTE PKW ALS IN GANZ AFRIKA.

Barbara Hendricks

Trotz dieser Faktenlage bleibt Hendricks zuversichtlich. Keine Spur von Weltuntergangsszenarien. Sie glaubt sogar, dass wir auch in Zukunft nicht schlechter leben werden als heute. Anders vielleicht, aber nicht schlechter. »Wir werden möglicherweise in Zukunft weniger private Reisen machen. Oder werden nicht mehr so weit weg fahren. Oder werden vielleicht nur einmal pro Jahr privat in ein Flugzeug steigen. Wir müssen uns darüber im Klaren sein, dass – und dies gilt sowohl für Staaten als auch für Menschen – die Wohlhabenderen einen unverhältnismäßig größeren ökologischen Fußabdruck haben als die Ärmeren. Nehmen wir mal die Menschen in Deutschland: Die wohlhabenderen Menschen verreisen häufiger, haben größere Wohnungen und größere Autos, kaufen sich häufiger neue Kleidungsstücke – das alles fließt in den ökologischen Fußabdruck mit ein. Allein in Deutschland gibt es mehr privat genutzte Pkw als in ganz Afrika.«

Die Politikerin muss zu ihrem nächsten Termin. Im riesigen Foyer des Bürogebäudes verabschieden wir uns. Es herrscht emsige Betriebsamkeit. Abschließend möchte ich von ihr wissen, ob sie Hoffnung für die Zukunft hat. Mir wird nämlich manchmal angst und bange, wenn ich an die Welt in 20, 30 oder 40 Jahren denke.

Ihre Antwort ist ermutigend. »Nee, ach was. Wenn man mit dieser Einstellung in die Politik gehen würde, könnte es ja gar nicht klappen. Man muss schon hoffnungsvoll in die Zukunft blicken. Politiker, die denken, dass die Welt nicht zu retten sei, die haben ihren Beruf verfehlt.«

Ich hole meinen Personalausweis am Empfang ab und verlasse das Gebäude. Raus kommt man deutlich schneller als rein. Es wäre schön, wenn das auch in anderen Zusammenhängen so wäre. Schneller raus aus der Nutzung von fossilen Brennstoffen, schneller raus aus dem Konsumwahn, dem Plastik-Irrsinn, aus Besitzansprüchen und Statussymbolen. Mir gefällt Hendricks mit ihrer immer etwas ruppigen Art, die Dinge zu erklären. Und mir gefällt es, dass sie auch nach vielen Jahren in der Bundespolitik nicht die Hoffnung aufgegeben hat. Ihren Beruf hat sie mit dieser Einstellung sicherlich nicht verfehlt.

MACHBAR:

»Im Gefühl, eine Hausfrau hat so was im Gefühl« (Loriot)

Natürlich hat Kochen viel mit Erfahrungswerten zu tun und wer tagtäglich kocht, kennt die benötigten Mengen im Schlaf. Aber Hand aufs Herz, wer verschätzt sich nicht bei der Menge, wenn Spaghetti gekocht werden. Also lieber zur Küchenwaage greifen und die entsprechende Menge abwiegen. Das verhindert, dass Sie bei der Menge übers Ziel hinausschießen. Apropos Spaghetti. Wussten Sie schon, dass das Loch in vielen Nudelkellen nicht der Optik dient? Damit portioniert man Spaghetti vor dem Kochen. Das, was da durchgeht, reicht für eine Portion.

»WIR TUN ETWAS, DAS DIE GESELLSCHAFT BESSER MACHT«

BEATRICE MORENO

Ein Café an der Potsdamer Straße ist die Location für das heutige Gespräch. Die Hauptstadt begrüßt den Frühling. Überall haben die Gastonomen ihre Außenbestuhlung aufgebaut, und eigentlich hätte ich auch große Lust, mich nach draußen zu setzen, wäre da nicht der ziemlich heftige Wind. Also wähle ich lieber einen gemütlichen Tisch drinnen. Mitte-Schick. Also graue Betonwände, glänzender Terrazzo-boden, großflächige Kunst an den Wänden. Im Hintergrund blubbert coole, leicht funky Ambient-Musik aus den Boxen. Kann man machen.

Vor den bodentiefen Fenstern rauscht das Leben vorbei: Hupende Autos, ein Touri-Bus rumpelt von rechts nach links, Menschen hetzen den Geh-steig entlang. Viele von ihnen mit offensichtlichem Migrationshintergrund: verschleierte Frauen, kappentragende Halbstarke mit Gangster-Attitüde, ältere Herren, die ihre Gebetsketten durch die Finger gleiten lassen. Pral-les Hauptstadtleben eben. Ich bestelle einen Milchkaffee, während ich auf meine heutige Gesprächspartnerin warte. Ein Termin, auf den ich beson-ders gespannt bin. Bei den verschiedenen Treffen zu diesem Projekt kam immer wieder das Thema Integration zur Sprache. Die drängende Heraus-forderung für die kommenden Jahre, die viel mit den Themen dieses Bu-ches zu tun hat – nicht erst seit den Vorfällen in der Essener Tafel.

Gleich werde ich Dr. Beatrice Moreno treffen. Die in Sevilla geborene Ärztin und Informatikerin kam im Alter von 16 Jahren nach Deutschland. Ihr Vater hatte an der TU Hannover einen Lehrstuhl übernommen. Bereits damals hatte sie den großen Wunsch, Ärztin zu werden. Sie blieb in Deutschland, machte ihr Examen, studierte zusätzlich noch Informatik und engagiert sich heute in zahlreichen sozialen Projekten für bedürftige Menschen – häufig mit Migrationshintergrund. Von ihr erhoffe ich mir vielschichtige Einsichten, da sie das Thema Migration buchstäblich in- und auswendig kennt. Wie wichtig sind Sprache, Bildung und sozialer Hintergrund für Migranten? Gibt es so etwas wie eine Bringschuld der Einwanderer? Und was muss eigentlich die Mehrheitsgesellschaft tun? Und ja, sie ist für viele nicht die typische Migrantin – aber was ist heute schon typisch? Das wird spannend.

Dr. Moreno erscheint viel zu früh im Café. Sie kommt aus dem Nordosten Berlins und wollte sich auf keinen Fall verspäten. Die Ärztin wirkt zierlich, fast zerbrechlich, strahlt aber gleichzeitig eine große Liebenswürdigkeit und innere Stärke aus. Blonder Pagenkopf, schwarze Metallrandbrille, dunkle Hose. Sie bestellt einen Ingwertee, und wir setzen uns an einen kleinen Tisch, an dem wir ungestört plaudern können.

Als Erstes möchte ich von der 50-Jährigen wissen, was sie als schwieriger empfunden hat: als Mensch mit Migrationshintergrund Karriere in der Medizin zu machen – oder als Frau Karriere in der Medizin zu machen. Wir sind ungefähr im selben Alter, und wenn ich mich an meinen Schulabschluss erinnere, war es damals nicht der Standard, dass Mädchen nach dem Abschluss zur Uni gingen. Da gab es viele, die eine Ausbildung machten: Bürokauffrau, Zahnarzthelferin, Einzelhandel, Handwerk. Was heute übrigens wieder dringend erforderlich wäre – für Frauen und Männer.

»Es war eindeutig schwieriger als Frau«, sagt die Ärztin und erklärt auch sofort, was sie meint. »Na ja, weil man als ›Ausländerin‹ gewisse Strategien entwickeln kann, um Vorurteile abzubauen und Probleme zu umgehen. Als Frau kommt man aber aus seiner genetischen Disposition nicht raus. Herausforderungen oder Diskriminierungen aufgrund des Geschlechts finde ich persönlich schwieriger als die aufgrund der Herkunft.«

Sie erzählt von ihrer Familie und ihrer Kindheit als mittleres von insgesamt neun Geschwistern. Ganz basisdemokratisch, wie sie es nennt, wurde damals abgestimmt, dass die Hälfte der Kinder in Deutschland aufwachsen würde, die andere Hälfte im spanischen Sevilla. Ihre Integration, hin und wieder benutzt die 50-Jährige auch den Begriff »Assimilation«, lief auf der Überholspur: In Hochgeschwindigkeit lernt sie die Sprache und findet sich in der neuen Umgebung gut zurecht. Auf die Frage, was am schwierigsten sei, wenn man neu nach Deutschland kommt, sagt die Wissenschaftlerin trocken: »Den Dativ und Akkusativ sauber zu trennen.« Nerd-Humor! Mag ich.

ES IST GANZ NATÜRLICH, DASS MAN SICH ERST MAL UNWOHL FÜHLT, WENN LEUTE ANDERS SIND ALS MAN SELBST. DIE FRAGE IST: WAS MACHT MAN MIT DIESEM GEFÜHL?

Dr. Beatrice Moreno

Wenn Dr. Moreno redet, hört man aus jedem Satz die Wissenschaftlerin sprechen. Sie formuliert präzise und klar, erklärt das eine oder andere Fremdwort, von denen sie viele benutzt, und man merkt schnell, dass sie auch über ihre Fachgebiete Medizin und Informatik hinaus Bescheid weiß. Und auch die Themen Integration und Angst betrachtet sie sehr rational aus wissenschaftlicher Perspektive.

»In Deutschland gibt es eine große Korrelation zwischen der sozialen Schicht und dem Bildungsgrad. Man muss nicht reich sein, aber je mehr Bildung Sie mitbringen, umso leichter wird es«, erklärt sie. Wenn ihr etwas besonders wichtig erscheint, unterstreicht sie es mit lebhaften Gesten aus dem Handgelenk.

Für Bildung ist es nie zu spät, glaubt sie. »Ich habe ja das Glück, Medizin studiert zu haben und in der Informatik im Bereich der intelligenten Systeme zu lehren. Ich weiß, wie plastisch unser Gehirn ist und wie lernfähig der Mensch ist. Und zwar ein Leben lang. Wir wissen heute, dass Neuronen sich sehr schnell entwickeln. Sich in einer neuen Umgebung zurechtzufinden ist etwas, dass der Mensch schon immer hinbekommen musste. Auch schon in der Steinzeit. Das bedeutet, wenn man Kindern, Frauen, älteren Menschen die Chance zum Lernen gibt, dann haben sie auch eine faire Chance, sich zu integrieren. Tut man das nicht, wird es ein Dominospiel. Man hat keine gute Ausbildung, findet keinen guten Job, bekommt vielleicht Hartz-IV, das bedeutet eine schlechte Wohnung in einem schlechten Umfeld mit schlechter Infrastruktur und bleibt unter sich. Und aus dieser Spirale kommen Sie in Deutschland eigentlich nur raus, wenn Sie gleich am Anfang einen Wissenstransfer hinbekommen. Jeder kann lernen, diese Veranlagung haben wir. Wir sollten es endlich als Schlüssel begreifen und investieren.«

Trotz dieses Wissens sind unsere Integrationsversuche nicht erfolgreich. Ich berichte vom Ruhrgebiet, wohin es viele der Gastarbeiter der ersten Generation verschlug. Dort gibt es Menschen – teils Tafel-Kunden –, die seit 30 Jahren hier leben und kaum Deutsch sprechen. Ganze Straßenzüge oder Stadtteile durchlaufen eine Gettoisierung. Mit eigener Infrastruktur von Händlern, Frisören und Cafés. Ich frage mich häufig, wer dafür verantwortlich ist. Die einen sagen, die Mehrheitsgesellschaft hätte die Menschen nicht aufgenommen, die anderen sagen, dass die Migranten das auch gar nicht wollen. Neulich besuchte ich in einer Großstadt im Ruhrgebiet ein Theater, und als ich rauskam, bemerkte ich, dass ich auf dem Vorplatz der einzige Deutsche war. Ich würde von mir sagen, dass ich ein sehr offener, toleranter Mensch bin, aber als mir an diesem Abend ausschließlich offensichtlich fremdländisch aussehende Männer entgegenkamen, hat das doch etwas mit mir gemacht. Es ist manchmal gar nicht so einfach, nicht in Schwarz-Weiß-Denken zu verfallen.

Wo liegt das Hauptproblem? Und was denkt die spanische Ärztin und Informatikerin darüber? »Ach, da müssen Sie gar nicht nur die Schuld bei sich suchen. Auch Sie können nicht aus Ihrer genetischen Verankerung heraus«, beruhigt mich die Wissenschaftlerin. »Menschen sind nun mal so gepolt, innerhalb der eigenen Gruppe zu bleiben, und das ist entwicklungsgeschichtlich ja auch sinnvoll. Das betrifft die Sprache, das betrifft die Traditionen, das betrifft verschiedene Umgangsformen und letztlich

auch die Frage, was ich wähle, was ich ablehne, was ich trinke. All das sorgt dafür, dass Sie mich einsortieren können. Und entweder passe ich in Ihre Peergroup, in Ihre Schublade sozusagen, dann fühlen Sie sich in meiner Gegenwart wohl. Oder ich passe nicht hinein, dann sind Sie herausgefordert. Es ist ganz natürlich, dass man sich dann erst mal unwohl fühlt. Weil man zum Beispiel nicht einfach so auf üblichem Weg kommunizieren kann. Die Frage ist: Was macht man mit diesem Gefühl? Versuche ich trotzdem mit dieser Gruppe zu kommunizieren? Grenze ich mich ab? Oder setze ich die Gruppe herab, um mich selbst aufzuwerten? Und darin liegt das Gefährliche.«

Gleichzeitig hat der Mensch immer auch den Wunsch, sich zu integrieren, weil er nicht gerne außerhalb der Gruppe steht, erklärt mir Dr. Moreno. Und dass der Traum von einer multikulturellen Gesellschaft nicht nur eine visionäre Blase ist, denn schließlich ist die ganze Mensch-heitsgeschichte voller Fluchten und Wanderungsbewegungen. Als Beispiel nennt sie ihre Heimatstadt Sevilla, die mehr als 300 Jahre lang arabisch ge-prägt war und in der verschiedene Religionen und Ethnien friedlich und bereichernd miteinander leben.

DER TRAUM VON EINER MULTIKULTURELLEN GESELLSCHAFT IST NICHT NUR EINE VISIONÄRE BLASE. SCHLIESSLICH IST DIE GANZE MENSCHHEITSGESCHICHTE VOLLER FLUCHT- UND WANDERUNGSBEWEGUNGEN.

Dr. Beatrice Moreno

Warum das heute aber anscheinend nicht mehr funktioniert, möchte ich wissen. »Das hat damit zu tun, dass in einer Gesellschaft bestimm-te Übereinkünfte getroffen werden müssen, die nicht unbedingt nieder-geschrieben, aber lebbar sein müssen. Eine solche Übereinkunft basiert immer auf Toleranz. In Phasen, wie wir sie hier in Deutschland beispiels-weise von 1933 bis 1945 hatten, in denen Menschen große Ängste haben, da funktionieren Toleranz und Integration nicht.«

Auch die ungeheuren Umwälzungen in der modernen Welt, Globalisierung und Digitalisierung stellen den Einzel-nen vor immense Herausforderungen. Und die führen zu massiven Ängsten. »Wenn Sie Existenzangst haben, dann ist der Impuls, sich abzugrenzen, deut-lich stärker. Ich spreche jetzt nicht nur als Ärztin oder jemand, der sich in diesem Bereich engagiert, sondern als Informatikerin. Globalisierung und Digitalisierung verändern eigentlich al-les. Niemand weiß mehr so ganz genau, ob er in zehn Jahren noch seinen Job haben wird. Natürlich entstehen da Ängste. Und Existenzangst lässt uns immer in vereinfachte, rudimentäre Denk- und Verhaltensmuster zurückverfallen: ›Die nehmen uns das Essen und die Heimat weg!‹ Und genau diese eigentlich unbegründete Urangst spiegelt sich ja aktuell wider. Die Frage ist doch, ob wir in der Lage sind, gemeinsame Werte zu entwickeln. Einer der wichtigsten Werte ist nun mal das Recht eines jeden Menschen auf körperliche Unversehrtheit, auf Nahrung, Heimat und ärztliche Versorgung. Nur wenn alle diesen Wert als bindend und für jeden gültig betrachten, entsteht die Toleranz, die wir benötigen, um gut miteinander leben zu können.«

WIR HABEN NICHT NUR EIN STAMMHIRN, MIT DEM WIR MARSCHIEREN KÖNNEN WIE IM DRITTEN REICH. WIR HABEN AUCH EIN GROSSHIRN, DAS UNS DIE MÖGLICHKEIT ZUR VERÄNDERUNG BIETET.

Dr. Beatrice Moreno

Sie nippt an ihrem Ingwertee und blickt mich an. Mir gefällt, dass ihre Argumente wertfrei und erfrischend unemotional daherkommen. In Zeiten, in denen unsere Politik oft von aufschäumenden Gefühlen bestimmt wird, ist das eine wichtige Perspektive. »Das ist ja alles keine neue Geschichte. Denken Sie nur an den Konflikt zwischen Hutus und Tutsis in Ruanda, wie es angefangen hat und wie komplex die Situation dort war. Und was letztendlich dazu geführt hat, dass Menschen – teilweise auch Kinder – eine Machete genommen haben und andere Menschen töteten. Da wird deutlich, dass diese Urängste und Verhaltensweisen viel stärker in uns drinstecken, als wir es wahrhaben wollen. Aber das ist auch eine Chance, wenn wir das erkennen. Wir haben nicht nur ein limbisches System und ein Stammhirn, mit dem wir marschieren können wie im Dritten Reich. Wir haben auch ein Großhirn, das uns die Möglichkeit bietet, unser Verhalten zu verändern. Es kommt immer auf die einzelne Person an, die sagen kann: Ich setze einen Kontrapunkt. Ich setze eine politische Grenze. Es kann aber auch eine soziale Vision sein. Eine dieser sozialen Visionen war letztendlich die Kinderstube der Demokratie.«

Wir haben nun eine ganze Weile über Integration, Ängste und dem Wunsch nach einem friedlichen Miteinander geredet, und ich wechsele das Thema, weil mich ein zweiter Aspekt am Schaffen der Medizinerin interessiert. Sie engagiert sich bei Ärzte ohne Grenzen und bei der Seenotrettung, sie hilft Migranten mit ihrem Verein TechUnite e.V. dabei, sich hier im Gesundheitssystem zurechtzufinden, immer hilft sie neu ankommenden Flüchtlingen in der Hafenstadt Tarifa in ihrer Ursprungsheimat Spanien. Woher nimmt sie die Kraft und die Hoffnung, die man für so viel Einsatz benötigt? Aus meiner eigenen Erfahrung weiß ich nur zu gut, dass solch ein Engagement extrem kräftezehrend sein kann.

»Meine täglichen Erfahrungen geben mir Hoffnung. In diesen Erfahrungen erblüht meine Kraft. Dieses Gespräch mit Ihnen jetzt. Und morgen die Begegnung mit Obdachlosen. Das macht mir deswegen Hoffnung, weil ich Realistin bin und die Fortschritte im Kleinen sehe. Wir beide würden zum Beispiel nicht miteinander reden, wenn Sie nicht genauso denken würden. Sonst wäre es eine Zeitverschwendung.«

Sie berichtet von ihren Begegnungen mit geflüchteten jungen Mädchen, 14, 15 Jahre alt, vergewaltigt, traumatisiert, die irgendwo in Tarifa gestrandet sind. Wie diese Mädchen in guter Begleitung trotz allem mit der Zeit aufblühen und ins Leben zurückfinden. Sie schildert die einzelnen Schicksale so intensiv, dass ich mehrmals tief durchatmen muss.

»DAS GIBT MIR HOFFNUNG«, SAGT SIE. »DASS DER MENSCH UNGLAUBLICH RESILIENT IST UND STRATEGIEN ENTWICKELN KANN, UM SELBST DIE SCHLIMMSTEN ERLEBNISSE ZU ÜBERSTEHEN.« WOW.
Dr. Beatrice Moreno

Die Zukunft der sozialen Organisationen und ihrer Hilfsangebote sieht Dr. Moreno in einer viel engeren Zusammenarbeit innerhalb der Quartiere und Stadtteile. Auch aus dieser Aussicht zieht sie ihre Motivation, immer weiterzumachen. Speziell mit den Tafeln, meinem Thema, sieht sie riesige Kooperationschancen für ihre soziale Gesundheitsorganisation und nennt gleich ein Beispiel: »Nehmen Sie Menschen mit einer Suchterkrankung, denen Sie helfen wollen. Die sind ja nicht kontinuierlich, ihnen fällt ein geregeltes Leben sehr schwer. Sie können mit so jemandem nicht einen Termin für den kommenden Tag um zehn Uhr festmachen und davon ausgehen, dass er dann auch da ist. Aber auch Suchtkranke brauchen etwas zu essen, und die Tafel, als sehr niederschwelliges Angebot, ist eine Möglichkeit, diese Menschen einmal am Tag oder einmal in der Woche zu erreichen. Über die Nahrung gelangen Sie zur Seele des Menschen und können ihn an entsprechende Fachangebote weitervermitteln.«

Das wäre ein schönes Schlusswort für dieses Gespräch, aber ich muss noch einmal nachhaken: Ist nicht alles, was die Medizinerin mit ihrer Organisation macht, und letztlich auch das, was die Tafel macht, nur ein Tropfen auf dem heißen Stein?

So pessimistisch ist Moreno nicht: »Wenn wir sehen, wie viele Menschen weltweit jeden Tag verhungern, dann ist das eine unbeschreiblich große Zahl. Eine nicht vorstellbare Zahl. Natürlich ist im Vergleich dazu die Arbeit beispielsweise der Tafel in Berlin-Mitte scheinbar unwesentlich. Das ist eine Möglichkeit, die Sache zu betrachten. Auf der anderen Seite tun Sie etwas, das es schon immer gab. Es gab schon im Mittelalter Armenspeisungen, auch in anderen Kulturen. Es war nie nur ein Tropfen auf dem heißen Stein. Es war immer schon die Rettung für einzelne Personen, und es ist Teil des Wertekanons einer Gesellschaft. Und in diesem Wertekanon haben wir eine ganz starke Rolle. Was wir nicht haben, ist unendlich viel Zeit. Ich kann beispielsweise entweder in Tarifa sein oder hier mit Ihnen sprechen. Es ist immer ein Kompromiss. Aber warum diese falsche Bescheidenheit? Wir führen etwas fort, das die Gesellschaft tatsächlich besser und nicht schlechter macht.«

Ich freue mich, noch einmal gefragt zu haben, denn das ist vielleicht ein noch viel schönerer Schlusssatz für unser Gespräch. Wir nehmen uns vor, in Kontakt zu bleiben, denn die Kooperationsansätze der Medizinerin finde ich interessant und innovativ. Morgen wird sie wieder Obdachlosen und Geflüchteten helfen. Und das ist irgendwie viel mehr als nur ein Tropfen auf dem heißen Stein.

MACHBAR:

Frisches kurz vor Feierabend

Kurz vor Ladenschluss bieten viele Bäcker ihre Waren zum reduzierten Preis an. Wenn Sie es also zeitlich hinbekommen, gehen Sie doch mal eine halbe Stunde vor Ladenschluss zum Bäcker. Die Auswahl ist vielleicht begrenzter, dafür retten Sie aber Ware, die andernfalls zur Tafel (gut) oder in den Müllcontainer (schlecht) wandern würde. Das gilt übrigens auch für viele Discounter, die am späten Samstagnachmittag Obst und Gemüse extrem reduzieren. Aber Vorsicht: Auch hier nicht mehr kaufen, als Sie benötigen – nur weil es so schön billig ist.

»MEIN ENGAGEMENT IST ALTERNATIVLOS«

GERHARD TRABERT

Heute führt mich meine Reise nach Mainz. In die Zitadelle. Die im 17. Jahrhundert errichtete Festungsanlage diente bis zum Ende des Ersten Weltkriegs militärischen Zwecken. Im Dritten Reich wurden hier Lehrer und Schüler in der Rhein-Mainischen Stätte für Erziehung erst ideologisch auf Linie gebracht, bevor ein paar Jahre später die Zivilbevölkerung in den unterirdischen Gängen Schutz vor den Bombenangriffen der Alliierten suchte. Deutsche Geschichte komprimiert auf ein paar Hektar ummauerter Fläche.

Heute befindet sich die Zitadelle in städtischer Hand und wird von verschiedenen Mainzer Ämtern genutzt. In einem Nebengebäude hat der Verein »Armut und Gesundheit in Deutschland« seinen Sitz. Und der Initiator und erste Vorsitzende des Vereins, Prof. Dr. Gerhard Trabert, wird mein heutiger Gesprächspartner sein.

Seit mehr als 20 Jahren kümmert sich der Verein mit einem inzwischen großen Team aus angestellten und ehrenamtlich tätigen Ärzten, Pflegern und Sozialarbeitern um die gesundheitlichen und sozialen Probleme von Menschen in prekären Lebenssituationen. Also Wohnungslose, Geflüchtete, Menschen ohne Papiere, Menschen ohne Krankenversicherung. Gleichzeitig nimmt Prof. Trabert auch den Weg in die Öffentlichkeit und ist ein begehrter Gast, wenn es in Diskussionen um das Thema Armut geht. Und er ist ein kritischer Mensch. Jemand, der die Lücken in unserem Sozialsystem knallhart aufzeigt. Lücken, die in der breiten Masse oft gar nicht bekannt sind, denn wer interessiert sich schon für die medizinische Versorgung von Obdachlosen? Der Blick auf die Ränder der Gesellschaft ist nicht selten unscharf. Das will man alles gar nicht so genau wissen, es gibt ja genügend eigene Probleme.

Es wird ein spannendes Gespräch werden, weil der Professor – kritisch, wie er ist – auch die Arbeit der Tafel mit durchaus gemischten Gefühlen betrachtet. Wir unterstützen ebenso wie er mit seinem Verein Menschen, denen es finanziell schlecht geht. Eine Aufgabe, die zuallererst vom Staat übernommen werden sollte. Diese Ambivalenz ist häufig zu spüren: Menschen schätzen unsere Arbeit, haben aber ein diffuses Gefühl des Unwohlseins. Denn eigentlich sollte es die Tafeln gar nicht geben müssen. Und eigentlich sollte es den Verein »Armut und Gesundheit in Deutschland« gar nicht geben müssen. Beides gibt es aber. Leider. Und Gott sei Dank.

Zuerst einmal zeigt mir Prof. Trabert die Räumlichkeiten. Seit 2013 sitzt der Verein in der Zitadelle. Es gibt verschiedene Behandlungszimmer, fast wie in einer kleinen Klinik. Hier arbeiten Internisten, Zahnärzte und Gynäkologen und bieten eine medizinische Grundversorgung für all jene an, die – aus welchen Gründen auch immer – durch das Sozialsystem gefallen sind. Trabert zeigt das alles nicht ohne Stolz. Aber es ist nicht der Stolz des Egos über sein ehrenamtliches Engagement. Es ist der Stolz des Mediziners über die Ausstattung und die Möglichkeiten, die er dadurch bei der Behandlung von Armen hat. Eigentlich gibt es so etwas in Deutschland ja gar nicht: Menschen, die nicht krankenversichert sind.

WIR WOLLEN NICHT DIE TAFELN DER MEDIZINISCHEN
VERSORGUNG WERDEN. ABER WENN ES UNS NICHT
GEBEN WÜRDE, WÜRDE SCHLICHTWEG EIN TEIL DER
MENSCHEN STERBEN. ICH KANN NICHT WARTEN, BIS
SICH STRUKTUREN VERÄNDERN.

Prof. Dr. Gerhard Trabert

In einem Meetingraum findet unser Gespräch statt. Ich stelle ihm noch einmal kurz das Buchprojekt vor, er bestätigt noch einmal seine kritische Haltung gegenüber der »Armutsindustrie«, in der viele verschiedene Organisationen, seiner Meinung nach auch die Tafeln, kämpfen. Sie kämpfen für die von Armut Betroffenen, aber sie kämpfen auch für ihre eigene Existenz. Die Fronten sind also geklärt, es kann losgehen.

Ob unser beider Engagement nicht nur ein kleines Pflästerchen sei, möchte ich gern zu Beginn wissen, zumal wir auch nur einen Bruchteil der wirklich Betroffenen erreichen. »Auf unseren Verein bezogen, sage ich immer, dass wir nicht die Tafeln der medizinischen Versorgung werden wollen. Wir wollen keine Armutsmedizin etablieren«, antwortet Trabert.

Er verdeutlicht aber auch sofort seine eigene ständig vorhandene Ambivalenz und ebenso die Parallelität zur Tafel: »Wenn es diese Versorgungsstruktur mit Lebensmitteln nicht gegeben hätte und nicht geben würde, und wenn es unsere niedrigschwellige medizinische Versorgung nicht geben würde, dann würde schlichtweg ein Teil der Menschen sterben. Ich kann nicht warten, bis sich Strukturen verändern, das dauert mir zu lange. Und die Menschen, um die es uns geht, können erst recht nicht warten. Trotzdem ist diese Entwicklung falsch und deshalb müssen wir uns noch deutlicher gesellschaftspolitisch engagieren.«

Gerade deshalb arbeitet der Verein zweigleisig. Da die unbürokratische Hilfe, die eigentlich der Staat übernehmen müsste. Und dort die gesellschaftliche und politische Arbeit, um genau diese Versorgungslücken aufzudecken und zu skandalisieren. Trabert bringt es mit einem knackigen Statement auf den Punkt: »Wir wollen uns abschaffen! Das ist unser Ziel. Aber bisher sind wir mit unserer Arbeit – ähnlich wie die Tafel – ein stabilisierender Faktor für dieses Unrechtssystem. Wir übernehmen Aufgaben des Staates und decken die Problematik damit zu. Umso stärker müssen wir immer wieder betonen, dass es nicht in Ordnung ist, dass es uns überhaupt gibt. Ich finde es nicht okay, dass es Tafeln gibt. Ich finde es nicht okay, dass es eine medizinische Ambulanz für Wohnungslose und Nichtkrankenversicherte gibt. Das darf nicht sein.«

Er wird in seinen Forderungen deutlicher als manch anderer: Es müsse eine Umverteilung geben, ganz klar. Von oben nach unten. Ebenso eine Grundrente, die ein menschenwürdiges Leben ermöglicht. Und dass die politischen Fehlentwicklungen der vergangenen Jahre korrigiert werden müssen, denn Vereine wie der seine oder die Tafel seien vor allem ein Zeichen für das Versagen der Politik. An der Tafel selbst arbeitet sich der Mediziner weniger ab, als ich es erwartet hätte, und lobt unsere Arbeit sogar indirekt: »Für mich haben die Tafeln da eine durchaus gute Entwicklung gemacht, hin zu einem sich politisch und gesellschaftlich kritisch äußernden Akteur. Das hat mir am Anfang der Tafelbewegung sehr gefehlt.«

BISHER SIND WIR – ÄHNLICH WIE DIE TAFEL – EIN STABI-
LISIERENDER FAKTOR FÜR DIESES UNRECHTSSYSTEM.
WIR ÜBERNEHMEN AUFGABEN DES STAATES UND DECKEN
DIE PROBLEMATIK DAMIT ZU.

Prof. Dr. Gerhard Trabert

Das folgende Statement verdeutlicht, dass die verschiedenen sozialen Organisationen und Akteure offenbar nicht automatisch am gleichen
Strang ziehen und nicht immer dieselben Interessen verfolgen. »Manchmal erscheint es mir so, als ob manche NGO bereits vom System absor-
biert wurde und in eine – einseitige finanzielle – Abhängigkeit geraten ist,

von wem und durch was auch immer. Um ein Kuchenstück der zur Verfügung stehenden Finanzierungstorte zu erlangen, darum kämpfen viele große und kleine Organisationen: Diakonie, Caritas, das Deutsche Rote Kreuz und auch die Tafeln. Ein gewisser Konkurrenzkampf um Fördertöpfe und Spendengelder ist entstanden, und auch Eigeninteressen müssen offenbar immer wieder berücksichtigt werden. Das verhindert aber oftmals, dass NGOs gemeinsam mit einer starken Stimme für die Rechte der Hilfsbedürftigen sprechen können.«

Professor Trabert kennt diese Schwierigkeiten auch aus der Nationalen Armutskonferenz, NAK, einem Bündnis von bundesweit tätigen Organisationen. Mitglieder sind unter anderem Gewerkschaften, Spitzenverbände der Freien Wohlfahrtspflege sowie bundesweit tätige Fachverbände und Selbsthilfeorganisationen. Wir Tafeln sind auch dabei. »Diese Thematik ist generell noch ein ziemlich tabuisiertes Thema. Nehmen wir die Kirchen als Beispiel. Meines Erachtens kritisieren sie nicht ausreichend das, was sie kritisieren müssten. Warum tun sie das nicht? Weil sie in meinen Augen häufig schon ökonomisch zu stark von kommunalen, landes- und bundesweiten Strukturen abhängig sind und einen Teil ihrer Stellen darüber finanzieren«, sagt Trabert.

Auch das ist ein Grund, warum der Verein »Armut und Gesundheit in Deutschland« sich ganz bewusst gegen eine Finanzierung aus öffentlichen Quellen stellt. »Wir haben keine Förderungen beantragt. Wir brauchen diese Autonomie, um bei strukturellen Fehlentscheidungen von Kommunen, Landesregierungen oder des Bundes Kritik zu äußern und damit den Finger in die politisch zu verantwortende Wunde zu legen, ohne zeitgleich Existenzängste haben zu müssen. Das ist elementar«, erklärt der Professor und wird noch deutlich schärfer in seiner Kritik: »Wenn ich, wie viele andere Akteure, in eine wirtschaftliche Abhängigkeit komme, dann besteht die Gefahr, dass man sich untereinander nicht mehr solidarisiert. Das ist mein großer Vorwurf an die NAK. Dort gibt es zu wenig solidarisches Agieren. Verbandsegoismus zählt scheinbar mehr. Da macht fast jeder Wohlfahrtsverband ein eigenes ›Armutsbekämpfungsprojekt‹, statt gemeinsam aktiv zu werden.«

In seinen Augen schwächt sich das Bündnis dadurch selbst und bleibt hinter seinen Möglichkeiten der politischen und gesellschaftlichen Einflussnahme zurück. Für mich bleibt bei allem Verständnis für diese Sichtweise trotzdem die Frage, wer denn dann die notwendigen Erfordernisse, auch solcher Vereine wie der Tafel, bezahlen soll und ob es nicht zu einseitig ist, wenn alles auf Spenderinnen und Spender abgeschoben wird. Muss nicht auch der Staat zweckfrei helfen?

Und ja, das alles klingt irgendwie ziemlich frustrierend und nach einem weiteren Faktor, der die tägliche Arbeit nicht einfacher macht. Man kämpft gegen Armut, man kämpft gegen strukturelle Missstände, die Staat und Verwaltung hervorgerufen haben, und dann auch noch um die Geschlossenheit der eigenen Reihen. Mich interessiert, woher der 63-Jährige seine Kraft und Motivation zieht. Immerhin ist er in einem Alter, in dem andere Menschen ihren Ruhestand genießen. Trabert hingegen hat neben seinem Verein auch noch eine Professur für Sozialmedizin und Sozialpsychiatrie an der Hochschule RheinMain. Wie schafft man das alles, ohne zynisch auf das Leben zu blicken?

Er zitiert Kanzlerin Merkel: »Mein Engagement ist alternativlos.«

ICH KANN SOLIDARISCH SEIN UND MIT VON ARMUT BETROFFENEN MENSCHEN ZUSAMMEN FÜR MEHR GERECHTIGKEIT KÄMPFEN, ABER ICH BLEIBE DER PRIVILEGIERTE.

Prof. Dr. Gerhard Trabert

Er spricht von seinen eigenen Privilegien – Haus, gutes Einkommen, verbeamtet. Und davon, dass er sich selbst reflektiert und sich diese Privilegien immer wieder bewusst macht. Seine Kraft zieht er aus den persönlichen Begegnungen mit den Menschen am Rande der Gesellschaft. »Das sind sehr tiefe, authentische Begegnungen, die mir viel zurückgeben«, sagt er, und in seinen Augen sieht man die Begeisterung.

Er bringt den Begriff der Gleichwürdigkeit ins Spiel, die die Basis für seine Begegnungen mit Menschen am Rande der Gesellschaft darstellt.

Krankheit macht arm –

Armut macht krank

»Die Gleichwürdigkeit in der Begegnung muss etwas absolut Elementares sein. Ich muss jedem Menschen mit Respekt und Würde begegnen. Auf Augenhöhe. Das ist für mich ein unheimlich wichtiger Punkt. Ein Punkt, aus dem ich Kraft schöpfe, und etwas, das meine Frustration über die politische und gesellschaftliche Entwicklung ein wenig in Schach hält. Ich werde das immer weitermachen, weil es für mich und für die anderen in unserer Beziehung zueinander so wertvoll ist.«

Gleichzeitig warnt er aber auch vor einer übergriffigen Nähe. »Man darf nur nie denken, man wäre einer von ihnen, denn das bin ich nicht. Ich kann solidarisch sein und mit von Armut betroffenen Menschen zusammen für mehr Gerechtigkeit kämpfen, aber ich bleibe der Privilegierte. Das ist etwas, was mich ständig begleitet. Ebenso wie die Gewissheit, dass ich ein Teil dessen bin, was ich eigentlich bekämpfe. Ein Teil des Systems der Ungerechtigkeit.«

Ich kenne das Gefühl, wenn einen die Begegnungen menschlich bereichern. Tafeln sind ja auch Orte der Begegnung. Wenn Menschen sich bei uns engagieren, ist da am Anfang eine ganz klare Rollenverteilung: »Ich bin die Helferin und du bist der Arme.« Nach so etwa drei Monaten ändert sich das aber meist. Weil dann nämlich die Rechtsanwaltsgattin feststellt, dass die Alleinerziehende, die zu ihr in die Ausgabestelle kommt, diesen Lebensweg nicht freiwillig gewählt hat. Sie hat ja nicht geplant, in diese Situation zu kommen. Es gibt sie, die Scham derer, die zu uns kommen, und es gibt nach einiger Zeit auch eine gewisse Scham von denen, die helfen – weil ihnen bewusster wird, dass sie nach ihrer Tätigkeit zurück nach Hause in ein privilegierteres Leben gehen können und das nicht unbedingt ihr eigener Verdienst ist.

Mir geht es immer so wie Gerhard Trabert, wenn ich über das Thema Lebensmittelverschwendung rede. Ich weiß, dass ich ein Teil des miesen Systems bin. Ich kaufe auch manchmal eine Ananas, obwohl mir klar ist, dass die wahrscheinlich von schlecht bezahlten Arbeitern in einem exotischen Land geerntet und über zigtausend Kilometer hierher geschafft wurde. Wir haben alle die ständige Verfügbarkeit von Lebensmitteln so verinnerlicht, dass uns gar nicht mehr auffällt, wie verrückt das ist.

Weltweit gibt es so viele Lebensmittel, dass man die ganze Welt zigmal davon ernähren könnte. Trotzdem stirbt alle zehn Sekunden ein Kind an Hunger. Und wir sind Teil dieser pervertierten Zustände.

Traberts Verein arbeitet an vielen Fronten gleichzeitig. Mit einem Arztmobil, dem rollenden Sprechzimmer, fahren seine Kollegen und er selbst raus auf die Straße, direkt zu den Wohnungslosen. Helfen bei all den gesundheitlichen Problemen, die solch ein Leben mit sich bringt. Dann gibt es diese Räume hier in der Zitadelle, in denen neben der medizinischen Versorgung auch die soziale Betreuung eine wichtige Rolle spielt. Und dann ist da noch der Street Jumper, ein auffällig bemaltes Wohnmobil, das die sozialen Brennpunkte anfährt und dort Kindern und Jugendlichen als Anlaufstation dient. Zusätzlich ein paar Projekte im Ausland und jede Menge Lobbyarbeit für die Ärmsten der Armen.

Der Mediziner erzählt vom alltäglichen Kampf gegen die Windmühlen der Entscheidungsträger. Hier in Mainz und ebenso in Berlin. Von Politikern, die fern jeglicher Lebensrealität agieren und höchstens mal medienwirksam ein paar Stunden als Pfleger arbeiten. Vom Deutschen Institut für Ernährungswissenschaft, dessen Experten betonen, dass der Hartz-IV-Satz von drei Euro für Kinder nicht für eine gesunde Ernährung ausreicht. Und davon, dass es viel zu oft um Geld geht statt um das Wohl der Betroffenen. Aber er beißt sich weiter durch. Das Kämpfen hat er schon früh als Leichtathlet gelernt, gewann sogar Medaillen bei Junioren-Europameisterschaften über die 4x400-Meter-Staffel. Das war zwar noch in den späten 1970er-Jahren, aber den langen Atem hat er behalten.

Obwohl »Armut und Gesundheit in Deutschland« in den vergangenen Jahren wirklich viel erreicht hat, sieht Trabert die Gesamtsituation als zunehmend verschlechtert: »Natürlich bin ich immer mal wieder frustriert, ich mach das ja seit fünfundzwanzig Jahren. Und die Situation für Wohnungslose hat sich in dieser Zeit konstant verschlimmert. Wir haben mehr Menschen, die auf der Straße leben müssen. Die Wohnraumpolitik ist eine Katastrophe. Viele weitere Dinge haben sich nicht zum Vorteil entwickelt.«

WAS MIR HOFFNUNG MACHT IST DIE TATSACHE, DASS SICH IMMER MEHR MENSCHEN GEGEN DAS SYSTEM ERHEBEN. ABER ES MUSS NOCH VIEL KLARER WERDEN, DASS ARMUT IMMER ETWAS MIT REICHTUM ZU TUN HAT.

Prof. Dr. Gerhard Trabert

So frustrierend möchte ich unser Gespräch nicht enden lassen und mir kommt Brecht in den Sinn: »... such dir selbst den Schluss! Es muss ein guter da sein, muss, muss, muss!« Also frage ich den Professor nach seiner Zukunftsvision und wie er sich die Welt in 20 Jahren vorstellt.

Hoffnung hat er nach wie vor. »Was mir Hoffnung macht ist die Tatsache, dass sich immer mehr Menschen gegen das System erheben. Die bundesweiten Seebrücken-Demonstrationen mit den vielen jungen Leuten machen mir Hoffnung. Und auch an der Hochschule sehe ich, dass das Thema der sozialen Ungerechtigkeit wieder hochkommt. Die junge Generation hat bereits verinnerlicht, dass wir viel bewusster ökonomisch und ökologisch agieren müssen. Nur die älteren Menschen sind noch zu still. Zu zurückhaltend. Ich hoffe einfach, dass ich noch mehr Menschen mobilisieren kann und das Thema soziale Gerechtigkeit noch stärker in den Mittelpunkt rückt. Aber es muss noch viel klarer werden, dass Armut immer etwas mit Reichtum zu tun hat. Wir brauchen die Verteilung von oben nach unten. Eine höhere Vermögenssteuer, höhere Einkommenssteuern, eine Kapitalertragssteuer. Es gibt so viele Möglichkeiten, unsere Gesellschaft gerechter zu gestalten. Das wäre mein Ziel und meine Hoffnung.«

Er zögert kurz, blickt aus dem Fenster und ist zurück in der Realität. »Aber wie es wirklich aussehen wird? Ich befürchte, dass es erst noch schlimmer werden wird. Ich glaube, vielen, denen es heute gut geht, ist nicht bewusst, wie wichtig der soziale Frieden auch für die Ökonomie und die wirtschaftliche Entwicklung ist. Wenn Menschen nichts mehr zu verlieren haben, dann wird es zu mehr Demonstrationen und zu mehr Unruhen führen. Ich hoffe nicht, dass sich ein Teil dieser Unzufriedenen politisch nach rechts bewegen wird. Denn die rechtspopulistische und rassistische AfD macht ja für arme Menschen überhaupt nichts. Wer sich deren Parteiprogramm wirklich durchliest, der merkt, dass das totaler Quatsch ist. Sozialkompetenz gleich null, weniger als null! Aber ich befürchte, dass wir erst noch einmal in diese Richtung gehen werden. Dass die Polarisierung noch gravierender werden wird, dass Armut noch mehr zunimmt und dass dann erst, mit mehr Demonstrationen und mehr sozialer Unruhe, ein Prozess in Gang gesetzt wird, der zu einer Umverteilung und zu mehr sozialer Gerechtigkeit führen wird. Aber ob das schon in zwanzig Jahren der Fall sein wird? Ich weiß es nicht.«

JEDER MUSS BEI SICH SELBST ANFANGEN UND AKTIV WERDEN, WENN ER UNGERECHTIGKEITEN BESEITIGEN MÖCHTE!
Prof. Dr. Gerhard Trabert

Beim Thema Steuererhöhungen und Umverteilung hake ich noch einmal nach, schließlich tauchten in den vergangenen Monaten immer häufiger die Begriffe »Enteignung« und »Vergesellschaftlichung« in der öffentlichen Diskussion auf. Erst ging es um Wohnungskonzerne. Inzwischen spielen einige Politiker solche Szenarien auch für die Automobilindustrie durch. Und bekommen erstaunlich viel Beifall aus der Bevölkerung. Aber kann das der richtige Weg zur Überwindung des Kapitalismus sein? Ich bin da skeptisch. Ich glaube, es braucht eine Bewusstseinsveränderung in der Gesellschaft; wir sollten lieber daran arbeiten, dass die Menschen von sich selbst aus solidarischer miteinander umgehen. Alles, was von oben verordnet oder beschlossen wird, verändert nicht das Bewusstsein.

Trabert sieht das ähnlich: »Enteignungen führen zu weit. Wenn die Einkommenssteuer erhöht würde, wenn eine Vermögenssteuer eingeführt und die Erbschaftssteuer angepasst würde, könnte man eine gerechtere Verteilung erwirken. Dafür bin ich. Ich möchte auch, dass sich das Bewusstsein ändert, aber darauf verlasse ich mich nicht. Eigentum verpflichtet, heißt es im Grundgesetz. Und das muss stärker eingefordert werden.

Steuern erhöhen, um von Vermögenden mehr Geld zur Verfügung zu haben, das halte ich für einen guten Weg. Bezüglich der Automobilindustrie bin ich allerdings für ein härteres und konsequenteres Vorgehen. Hier wurde auf höchster Leitungsebene kriminell gehandelt.«

Ich verabschiede mich von dem Mediziner, obwohl ich gern noch viel länger mit ihm geredet hätte: über seine Einsätze im syrischen Kriegsgebiet, die Arbeit in den frostigen Winternächten bei den Wohnungslosen auf der Straße und über die Frage, ob wir uns als Vertreter von sozialen Organisationen nicht auch ein Stück weit von den Medien instrumentalisieren lassen. Wir gehen in TV-Sendungen und auf Podien, halten im wahrsten Sinne des Wortes unsere Köpfe hin, sagen das, was wir immer wieder sagen, und hoffen darauf, dass die Situation für die Schwachen, Alten und Armen besser wird. Aber Trabert erinnert mich an den Kern unserer Arbeit: »Man darf nie vergessen, warum man sich engagiert und aktiv ist. Und jeder muss bei sich selbst anfangen und aktiv werden, wenn er Ungerechtigkeiten beseitigen möchte!«

Im Zug lasse ich unser Treffen Revue passieren. Das Fazit fällt eindeutig aus: Es liegt nach wie vor viel Arbeit vor den sozialen Organisationen. Auf politischer Ebene, im solidarischen Umgang miteinander, in der Gesellschaft und vor allen Dingen in der alltäglichen Begegnung mit den von Armut Betroffenen. Das wird Kraft kosten und Zeit und Geld. Aber es ist und bleibt alternativlos.

MACHBAR:

Sinn-voll: den eigenen Sinnen vertrauen

Geben Sie nicht zu viel auf das Mindesthaltbarkeitsdatum. Vertrauen Sie stattdessen Ihren Sinnen. Wie riecht der Joghurt? Wie sieht er aus? Und wie schmeckt er? Die meisten Lebensmittel können Sie allein durchs Probieren in »genießbar« und »nicht mehr genießbar« einteilen. Wichtige Regel: Wenn Sie Schimmel sehen, weg damit (es sei denn, Sie haben einen Schimmelkäse in der Hand). Und: Vorsicht bei sensiblen Lebensmitteln wie rohem Fleisch oder Fisch – diese haben ein Verbrauchsdatum und können danach nicht mehr verzehrt werden.

»TRÄUME SIND DAZU DA, DINGE ANZUSTOßEN«

MARIANNE BIRTHLER

Prenzlauer Berg – ein Stadtteil, der wie kaum ein anderer für Gentrifizierung, Wandel und Verdrängung steht. Nach der Wende zog es vor allem Künstler und Kulturschaffende in den ehemaligen Arbeiterstadtteil. Die Mieten waren billig, viele der unsanierten Altbauten in einem erbärmlichen Zustand. Das war die wilde Zeit Anfang der 1990er-Jahre im Berliner Osten.

Doch mit den Jahren veränderte sich die Struktur des Viertels. Die vielfach luxuriös sanierten Altbauten lockten ein zahlungskräftiges Klientel an und insbesondere der Kollwitzkiez, wo ich mich heute treffe, bestätigt so manches Klischee über den Prenzlauer Berg: hohe Akademikerdichte, viele Zugezogene, viele Bioläden. Alles gediegen bürgerlich mit einem Hauch alternativer Öko-Kultur.

Direkt gegenüber der größten Synagoge Deutschlands werde ich mich in einem Café mit Marianne Birthler treffen. Sie stand Ende der 1980er-Jahre an der Spitze der Bürgerbewegung in der DDR, die letztendlich den Mauerfall herbeiführte. Nach der Wende wurde sie auch parteipolitisch aktiv, war in Brandenburg Ministerin für Bildung, Jugend und Sport und von 2000 bis 2011 Bundesbeauftragte für die Stasi-Unterlagen der ehemaligen DDR. 2016 wurde sie von Angela Merkel als Bundespräsidentin vorgeschlagen, aber Birthler lehnte ab. Das wird bestimmt ein Thema sein, über das ich mit ihr reden werde, aber auch der Osten und der Westen, das Ehrenamt und die sozialen Spannungen in diesem Land.

Ich bin zu früh im Café, bestelle mir etwas zu trinken, während ich auf Birthler warte, und schaue aus dem Fenster auf die Synagoge gegenüber. Polizisten sichern den Eingang, Absperrungen verhindern die direkte Durchfahrt. Es macht mich wütend und traurig, dass solche Sicherheitsmaßnahmen in der Hauptstadt unseres Landes nötig sind.

Irgendwann steht Marianne Birthler im Café. Wollmütze auf dem Kopf, einen flotten Spruch auf den Lippen – man merkt: Sie ist gebürtige Berlinerin. Wir setzen uns auf ein abgewetztes Sofa im hinteren Teil des Lokals, bestellen noch ein paar Getränke, und dann kann es losgehen. Über das mögliche Amt als Bundespräsidentin will sie gar nicht wirklich sprechen.

»Wie es dann genau gekommen wäre, weiß man ja nicht«, sagt sie mit einem Funken zu viel Understatement. Für mich ist ganz klar: Wenn sie gewollt hätte, wäre sie auch ins höchste Amt der Republik gewählt worden. Aber dazu sagt sie ultradiplomatisch nur: »Vielleicht. Vielleicht auch nicht. Weiß man nicht.« Und das war es mit meinem ersten Thema.

EIGENINITIATIVE, SELBSTVERANTWORTUNG, GEGEN DEN STROM SCHWIMMEN, DAS WAR IN DER DDR NICHT GERN GESEHEN.

Marianne Birthler

Also schnell zum nächsten Punkt. Durch meine Arbeit bei der Tafel komme ich mit jeder Menge Statistiken in Berührung: Wie setzt sich unsere Kundschaft zusammen? In welchem Alter sind die Ehrenamtlichen, die sich bei uns engagieren? Wie viele Ausgabestellen gibt es im ländlichen Raum?

Eine Tatsache finde ich dabei sehr spannend: Während im Osten viele junge Menschen im Rahmen des Bundesfreiwilligendienstes bei den Tafeln arbeiten, setzt sich der Großteil der westdeutschen Ehrenamtlichen aus älteren Menschen zusammen, die sich aus einem persönlichen Bedürfnis heraus engagieren. Marianne Birthler kommt aus dem Osten und kann mir vielleicht die Frage beantworten: Wie kann es – 30 Jahre nach Wende und Wiedervereinigung – zu solchen Unterschieden im Verhalten der Menschen kommen?

»Das Erste, was mir einfällt – aber das ist bestimmt keine hinreichende Erklärung –, hat etwas mit der Vergangenheit zu tun. Die DDR war ein übervorsorglicher Staat, in dem Engagement schnell sanktioniert wurde, wenn es nicht exakt auf Parteilinie war. Zusätzlich wurde auch der Eindruck erweckt, dass es ausreichend Daseinsfürsorge seitens des Staates gäbe und dass niemandem geholfen werden müsse. So etwas wirkt sich aus«, erklärt die 70-Jährige. »Die Deutschen im Osten unseres Landes haben ein halbes Jahrhundert unter den Bedingungen einer Diktatur gelebt. Und das macht ja etwas mit den Menschen.«

Außerdem, so erzählt sie weiter, sei die DDR durch Wegzug und Flucht ein Stück weit ausgeblutet, denn natürlich gingen vor allen Dingen jene Bürger in den Westen, die mutig waren, die ihr Leben noch einmal neu beginnen wollten, die genug Energie hatten. Zurück blieben diejenigen, die diese Kraft nicht aufbringen konnten oder wollten. Und ein paar Handvoll Betonköpfe, die auch Ende 1989 noch an den real existierenden Sozialismus glaubten.

»Ein drittes Ursachenbündel sind sicherlich die Entwicklungen nach 1990 und wie die deutsche Einheit vollzogen wurde. Bestimmte Eigenschaften, die unter den Bedingungen der freien Marktwirtschaft wichtig sind, wurden den Leuten in der DDR systematisch abtrainiert: Eigeninitiative, Selbstverantwortung, das Leben in die eigenen Hände zu nehmen, sich nicht darum zu kümmern, was andere sagen, gegen den Strom zu schwimmen. All das war in der DDR nicht gern gesehen.«

Birthler spricht langsam und bedacht, und in ihrer Stimme liegt etwas sehr Warmes, Herzliches. Ich bleibe dabei: Sie wäre eine prima Bundespräsidentin geworden. Trotz ihrer nicht sehr positiv klingenden Zuschreibungen zum Osten habe ich manchmal das Gefühl, dass die Menschen dort uns Westlern in einigen Punkten auch voraus sind. Im Westen herrscht eine gewisse Selbstgenügsamkeit, die auch etwas Statisches hat. Im Osten scheinen die Menschen eher dazu bereit zu sein, ihre Meinung zu äußern und auf die Straße zu gehen – mit welchem politischen Hintergrund auch immer. Im Westen könnte der Spritpreis auf 5 Euro steigen, und es würde niemanden zum Aufstand bewegen.

Die ehemalige Bürgerrechtlerin sieht das etwas differenzierter: »Man kann die Menschen nicht alle über einen Kamm scheren, sie gehen aus sehr unterschiedlichen Gründen auf die Straße. Und wenn Sie jetzt auf die Pegida-Demonstrationen anspielen, sehe ich darin nicht unbedingt eine Form des sozialen Widerstandes oder einer wachen Bürgerschaft. Das ist eher so ein Rummotzen. Für mich hat diese Art und Weise zu protestieren auch etwas Pubertäres. Da wird ja auch gegen den Rechtsstaat und gegen die Demokratie protestiert. Und wir leben in einer funktionierenden Demokratie. Bei allen Bauchschmerzen, die auch ich hier und da habe. Aber wenn jemand diese Grundfesten infrage stellt, das Parlament als überflüssig oder als Quatschbude bezeichnet wird und von Lügenpresse die Rede ist, dann klingelt da bei mir etwas. Das sind alles Worte, die kenne ich aus früheren – zum Glück überwundenen – Zeiten.«

WENN JEMAND DIE GRUNDFESTEN DER DEMOKRATIE INFRAGE STELLT UND VON LÜGENPRESSE REDET: DAS KENNE ICH AUS FRÜHEREN – ZUM GLÜCK ÜBERWUNDENEN – ZEITEN.

Marianne Birthler

Da sind wir bei einem Thema, das mich seit einiger Zeit sehr bewegt: die zunehmende Unzufriedenheit vieler Menschen mit der Politik. Wenn ich mit Tafel-Kunden spreche, höre ich häufig, dass sie sich nicht gehört fühlen, dass sie sich abgehängt fühlen, dass »die da oben« sowieso machen, was sie wollen. Und auch dass die Politik viel für Flüchtlinge getan, aber die eigenen Armen vergessen hat. Ich kann diese Argumente nachvollziehen, auch wenn ich »die Politik« nicht immer für den richtigen Adressaten halte. Von Birthler möchte ich wissen, ob es nicht manchmal nervt, als Politikerin für alles Übel verantwortlich gemacht zu werden.

Wieder bemüht sich Birthler um Ausgleich: »Ich halte es für meine Verantwortung, immer wieder geduldig zu erklären, welche Aufgaben Politik hat und was sie den Bürgerinnen und Bürgern nicht abnehmen kann und soll. Das ist auch eine Frage der Vermittlung. Es gibt Politikerinnen und Politiker, die in ihrem ganzen Habitus den Eindruck erwecken, als würden sie jetzt alles gut machen und die Bürgerinnen und Bürger müssten sich um nichts mehr kümmern. Es gibt zu wenige Politiker, die Glaubwürdigkeit vermitteln«, erklärt sie und kommt dann zu jenen, die über die Politik schimpfen.

»Interessant ist immer, dass unter denen, die zum Beispiel auf die Tafel angewiesen sind, ganz unterschiedliche Persönlichkeiten zu finden sind. Die einen versuchen trotzdem stolz und würdevoll ihr eigenes Leben in die Hände nehmen. Und sie protestieren auch gegen das, was sie ungerecht finden. Und dann gibt es die anderen, die jammern und die die Verantwortung immer nur jenseits ihrer eigenen Person sehen. Obwohl diese unterschiedlichen Menschen rein äußerlich in der gleichen Situation stecken, sind die einen Bürgerinnen und Bürger, während die anderen einfach nur versorgt werden wollen.«

Ich komme auf die Entrüstung zur sprechen, die sich zunehmend in der Gesellschaft ausbreitet und tiefe Gräben zieht. Da sind zum einen die Tabubrecher, die Dinge sagen, die man sich vor ein paar Jahren noch nicht zu sagen getraut hätte. Und die fordern, dass alle anderen diese Meinungen zu ertragen hätten. Dann gibt es diejenigen, die sich darüber empören. Auch da habe ich manchmal den Eindruck, dass es gar nicht mehr um die Themen geht, sondern um die Entrüstung an sich. Und wieder andere reiben sich an einer 16-jährigen Schwedin, die gegen die in ihren Augen mangelhafte Klimapolitik protestiert, und greifen die junge Frau in übelster Art und Weise an. In den sozialen Medien schaukeln sich alle Lager dann gegenseitig hoch, ziehen rote Linien, boykottieren und polemisieren. Ich frage mich, ob es ohne Twitter, Facebook und Co. nicht gesitteter zuginge in der politischen Diskussion.

»Also, wenn Wut und Entrüstung ins Handeln münden, finde ich das in Ordnung«, sagt Marianne Birthler. »Wenn ich an die DDR denke – da gab es reichlich Gründe, wütend zu sein. Allerdings glaube ich auch, dass im Internet manchmal der Respekt vor anderen Menschen verloren geht. Das öffentliche Mobbing von Personen oder Gruppen – und all die Unterstellungen – dient nicht dem besseren Zusammenleben oder der Verständigung. Aber man sollte nicht denken, dass es das früher nicht gab. Hitler ist auch ohne Social Media an die Macht gekommen.« Ein Satz, der reflektierter ist als gefühlt 90 % der Diskussionen in diesen sozialen Medien.

WENN WUT UND ENTRÜSTUNG INS HANDELN MÜNDEN, FINDE ICH DAS IN ORDNUNG. ALLERDINGS GLAUBE ICH AUCH, DASS IM INTERNET MANCHMAL DER RESPEKT VOR ANDEREN MENSCHEN VERLOREN GEHT.

Marianne Birthler

Sie fährt fort: »Aber vielleicht ist das Tempo jetzt höher. Oder die Schnelligkeit der Verbreitung ist größer. Und die Menschen sind jünger, die mit dieser Art von Fehlkommunikation konfrontiert werden. Ich glaube nicht, dass man da nichts machen kann, aber es ist meist so, dass die technische Entwicklung immer rascher vorauseilt und die Regulative, die Menschen entwickeln, um das zu begrenzen, viel länger benötigen. Das war auch schon zu Zeiten der ersten industriellen Revolution so. Bis die Gewerkschaften stark genug waren, bis es eine Öffentlichkeit für die Arbeiter gab und für Leute, die in Not waren, sind Jahrzehnte vergangen. So ähnlich ist es jetzt auch. Wir haben eine globalisierte Wirtschaft, aber die Kräfte, die die Wirtschaft regulieren können, agieren nach wie vor national und nur selten global. Und dadurch entsteht ein Ungleichgewicht. Das wird sich hoffentlich aber in naher Zukunft ändern.«

In dieser schnelllebigen Zeit haben es junge Menschen auch jenseits der sozialen Netzwerke zunehmend schwerer. Ganztagesschulen reduzieren die Freizeit, das Bachelor-Studium ist durchgetaktet, und in den Semesterferien werden Praktika absolviert. Raum für Reflexion, Selbstfindungsprozesse oder Sport bleibt da kaum noch. Das merken nicht zuletzt all jene Vereine und Organisationen, die auf das Ehrenamt der jungen Menschen angewiesen sind. In Sportvereinen fehlen die Jugendtrainer, auf Ferienfreizeiten fehlen die Betreuer, von Gemeindearbeit oder den Pfadfindern ganz zu schweigen. Aber auch unter älteren Leuten fällt es zunehmend schwerer, Personen zu finden, die Verantwortung zu übernehmen bereit sind: also Kassenprüfer, Vorsitzende, Beiräte, Schatzmeister. Zusammen mit der sich verlängernden Lebensarbeitszeit ist das eine riesige Herausforderung, die in den kommenden Jahren auf alle Sozialverbände zukommt.

Ich möchte von der Frau mit der großen Lebenserfahrung wissen, wie wir es schaffen können, wieder mehr Menschen für das Ehrenamt zu motivieren. Und wie der Staat dabei unterstützend eingreifen kann.

»Ehrlich gesagt weiß ich nicht, ob es in erster Linie eine Aufgabe des Staates ist, mehr für das Ehrenamt zu sorgen«, sagt sie. »Ich glaube, dass die Motivation fürs Ehrenamt an anderer Stelle wächst. Das ist ja eher

eine moralische Frage. Auch eine Frage der Erziehung, eine Frage des gesellschaftlichen Klimas, eine Frage der individuellen Erfahrungen. Eigentlich ist es doch toll, sich ehrenamtlich zu engagieren. Es heißt ja nicht umsonst EHREN-Amt. Ich gebe mir die Ehre, ich bekomme Ehre, ich lerne Menschen kennen und mache Erfahrungen, habe Erfolgserlebnisse, fühle mich hilfreich und mächtig, bekomme Dankbarkeit zurück. Alle, die ehrenamtlich arbeiten, wissen, wie gut es für sie ist. Letzten Endes tut man es ja auch für sich selbst. Ob ich Essen austeile oder Lesepatin in der Schule bin oder Menschen im Krankenhaus besuche. Das mache ich ja auch um meinetwillen. Und sei es nur, weil es mir guttut, anderen zu helfen. Menschen beziehen die Motivation aus sich selbst heraus.«

ES IST TOLL, SICH EHRENAMTLICH ZU ENGAGIEREN. ES HEISST JA NICHT UMSONST EHREN-AMT. ICH GEBE MIR DIE EHRE, ICH FÜHLE MICH HILFREICH, BEKOMME DANKBARKEIT ZURÜCK. ALLE, DIE EHRENAMTLICH ARBEITEN, WISSEN DAS.

Marianne Birthler

Aber sie weiß natürlich auch um die Belastungen, die solch ein Engagement mit sich bringt, und findet unterstützende Maßnahmen durch die Politik dann doch hilfreich. Also etwa die Übernahme der Fahrtkosten, Rentenpunkte und viel mehr öffentliche Anerkennung und Wertschätzung von Ehrenamtlichen. Eine fortwährende Motivation durch die Politik findet sie aber nicht angemessen. Zu sehr erinnert sie das an frühere Zeiten: »Es gibt ja Stimmen, die sagen, dass man andere Menschen gar nicht motivieren kann, weil Motivation etwas ist, das aus einem selbst heraus entsteht. Also, ich möchte nicht ständig motiviert werden und sträube mich dann sogar eher gegen das Anliegen, weil ich eher das Gefühl habe, manipuliert zu werden als unterstützt.«

Wir kommen auf die Bildungspolitik zu sprechen, immerhin war sie ja mal Ministerin. Bei der Tafel merken wir, dass Armut inzwischen oft vererbt wird und dass Kinder aus sozial schwierigen Verhältnissen es schwer

haben, den Aufstieg durch Bildung zu schaffen. Schulen in sozialen Brenn-punkten haben häufig kapituliert. Zu groß sind die Herausforderungen für die Lehrkräfte. Und sowohl hier in Berlin als auch im Ruhrgebiet gibt es reichlich Schulen, an denen die Integration gescheitert ist. Die Folge: Wer es sich leisten kann, schickt sein Kind auf andere – vermeintlich bessere – Schulen. Eine Abwärtsspirale kommt in Gang, die kaum noch zu stoppen ist.

Birthler kennt die Problematik, will aber auch nicht alle Verantwortung bei den Schulen suchen: »Die Schulen sind nicht die Reparaturbrigaden der Nation. Sie sind sehr, sehr wichtig und können auch Kindern, die es nicht leicht haben, Türen öffnen und Chancen ermöglichen – insbesondere die Ganztagsschulen. Aber die Verantwortung der Familien und des Umfeldes ist genau so groß.«

DIE SCHULEN SIND NICHT DIE REPARATURBRIGADEN DER NATION. SIE SIND SEHR WICHTIG, ABER DIE VERANTWORTUNG DER FAMILIEN UND DES UMFELDES IST GENAU SO GROSS.

Marianne Birthler

Insbesondere bei den Grundschulen sieht sie ein enormes gesellschaftlich-verbindendes Potenzial: »Grundschulen sind ja der einzige öffentliche Ort, an dem nicht von vornherein nach Berufsgruppen oder finanziellem Status sortiert wurde. Dort kommen ganz unterschiedliche Kinder zusammen.« Sie denkt kurz nach und schränkt ihre Aussage ein wenig ein: »Es kommt natürlich darauf an, wo die Kinder zur Schule gehen. Hier in Berlin am Kollwitzplatz sind die Kinder, die aus unterprivilegierten Familien kommen, in der Minderheit. Da ist es dann möglich und auch nicht so schwer, diese Kinder mitzunehmen. Hoffen wir jedenfalls, dass es so ist. Es gibt andere Wohngebiete hier in Berlin, da ist das Verhältnis ganz anders. Und das ist dann eine große Herausforderung für die Lehrer, die ich wirklich sehr, sehr bewundere.«

Sie erzählt von überforderten Lehrern, die längst kapituliert haben, von anderen, die sich engagieren, bis sie ausgebrannt sind, und von jenen, die an die Öffentlichkeit gehen, um Veränderungen zu erwirken. Und wie so oft im Leben scheint alles eine Frage der einzelnen Persönlichkeiten zu sein: »Manchmal liegt es an drei, vier, fünf konkreten Personen, die Verantwortung übernehmen. Die etwas machen und die zur Not auch schreien, damit sie die Hilfe bekommen, die sie benötigen.«

Birthler hat noch einen Termin, ich muss ebenfalls weiter. Kurz vor Schluss wendet sich unser Gespräch noch der Vergangenheit zu – ihrer eigenen und der dieses Landes. Beide sind eng miteinander verknüpft. Menschen, die gern den Mantel des Schweigens über unsere Vergangenheit legen möchten, weil es doch auch mal gut sein müsse, nennt sie »töricht«. Und packt ihre Gedanken in fast schon poetische Worte: »Wir sind aus Geschichte gemacht. Denken Sie sich mal alles weg, was bei Ihnen mit der Vergangenheit zu tun hat. Dann bleibt nicht viel übrig.

Geschichtsbewusstsein ist deshalb eine Form von Selbstbewusstsein. Nur wenn ich weiß, wo ich stehe und was unter meinen Füßen ist und was da gewachsen ist, bin ich mir meiner selbst bewusst. Ohne Vergangenheit gibt es kein Selbstbewusstsein.«

Eine letzte Frage muss ich ihr noch stellen. Hat die dreifache Mutter und Großmutter Hoffnung für die Zukunft? Was hinterlässt sie ihren Kindern und Enkeln? Werden sie einmal in einer guten Welt leben? Oder werden Klimawandel und soziale Ungerechtigkeiten immer weiter fortschreiten und alles mit sich in den Abgrund reißen?

»Ich hoffe auf eine gute Welt! Was bleibt mir denn übrig, außer zu hoffen? Sonst könnten wir ja doch einpacken, oder? Aber Hoffnung heißt ja nicht, dass die Dinge in Erfüllung gehen werden, die ich mir so wünsche. Das ist ja ein großes Missverständnis. Hoffnungen und Utopien sind einfach nur Treibstoff. Die sind nicht dazu da, exakt so Wirklichkeit zu werden, sondern dazu, dass wir uns in Bewegung setzen. Deswegen gibt es viel Enttäuschung, weil die Menschen denken, dass die Träume, die sie irgendwann einmal hatten, genau so Wirklichkeit werden müssten. Das ist Quatsch. Dazu sind Träume nicht da. Träume sind dazu da, Dinge anzustoßen.«

TRÄUME UND UTOPIEN SIND EINFACH NUR TREIBSTOFF. DIE SIND NICHT DAZU DA, EXAKT SO WIRKLICHKEIT ZU WERDEN, SONDERN DAZU, DASS WIR UNS IN BEWEGUNG SETZEN.

Marianne Birthler

Nachdem ich sie verabschiedet habe, komme ich wieder an der Synagoge mit den Polizisten vorbei und fühle mich etwas beklommen. Birthlers Aussage zu den Utopien und Träumen kommt mir in den Sinn und macht mir Mut. Ich träume von einem Land, in dem keine Synagoge und keine jüdische Schule von der Polizei geschützt werden muss oder Menschen mit anderen Religionshintergründen Angst haben müssen. Und Träume sind dafür da, dass etwas getan wird.

MACHBAR:

Wertschätzung für Ihre Lebens-Mittel

Machen Sie sich immer wieder bewusst, dass Lebensmittel ein kostbares Gut sind – auch wenn es in unserer Überflussgesellschaft nicht so wirkt. Für Schnitzel, Currywurst und Co. sind Lebewesen gestorben – und hatten im schlechtesten Fall auch kein schönes Leben. Und wenn Sie Obst und Gemüse entsorgen, landet nicht nur die Paprika im Müll, sondern auch Rohstoffe wie das Wasser, die für ihre Produktion nötig waren. Und das CO_2, das bei Produktion und Transport entstanden ist, war auch unnötig. Gehen Sie also respektvoll mit Lebensmitteln um. Und informieren Sie sich über Verhältnismäßigkeiten. Für wenige Kilo zarten Rinderfilets muss ein ganzes Tier sterben und viele Rohstoffe wurden verbraucht.

»WUT KANN EIN KONSTRUKTIVER IMPULS SEIN«

HANNES JAENICKE

Es ist Ende April. Ich sitze in einem Café in Berlin. Die Aufmachung des Lokals – sehr reduziert und minimalistisch – ist ein Augenschmaus. Während ich auf meinen heutigen Gesprächspartner warte, schaue ich mir die Live-Wetterdaten von Pacific Palisades/Los Angeles an. Gute 20 Grad, Sonne. Warum treffe ich ihn eigentlich nicht dort, an seinem zweiten Wohnsitz in den Staaten? Oder zumindest an seinem ersten, am Ammersee in Bayern? Stattdessen Berlin. Okay, dieser Gedanke war jetzt nur ein kleines Hirngespinst. Die Umwelt freut sich definitiv über den eingesparten CO_2-Ausstoß, auch weil ich passionierter Bahnfahrer bin und zum Thema Fliegen seit Längerem so meine inneren Ambivalenzen hin und her bewege. Und Umwelt ist ein Stichwort, um das es heute sicher auch gehen wird.

Ich werde gleich mit dem Schauspieler Hannes Jaenicke reden. Eines der bekanntesten Film- und Fernsehgesichter des Landes. Und seit Jahrzehnten ein engagierter Kämpfer gegen die Zerstörung unseres Planeten. In zahlreichen Dokumentationen machte er auf das Schicksal bedrohter Tierarten wie Nashörner, Orang-Utans oder Eisbären aufmerksam. Das brachte Jaenicke zahlreiche Preise und Ehrungen ein, aber auch jede Menge Kritik. Man warf ihm eine gewisse Doppelmoral vor. Auf der einen Seite prangere der TV-Star Plastiktüten und die Vermüllung der Weltmeere an, auf der anderen Seite sei seine Klimabilanz – nicht zuletzt durch die vielen Flugreisen für die Umweltdokus – verheerend.

Es ist wie so oft: Wer sich in der Öffentlichkeit positioniert und engagiert, an den werden ganz besondere Maßstäbe angelegt. Manchmal habe ich den Eindruck, es gibt hier nur ganz oder gar nicht. Und das, was man gar nicht oder falsch macht, wiegt mindestens doppelt so schwer wie die Sachen, die richtig gut laufen. Eine Haltung, die ich aus der Tafel-Arbeit nur zu gut kenne.

Hannes Jaenicke ist gerade aus Abu Dhabi zurück, als er ins Café schneit. Wir setzen uns, er bestellt ein Wasser und eine Kleinigkeit zu essen. Ein Avocadobrot. Jaenicke lebt vegan, »aber völlig unmissionarisch«, wie er sagt. »Von mir aus können Sie sich auch Hackepeter bestellen oder Blutwurst. Da bin ich schmerzbefreit.« Ich zucke innerlich, aber nicht wegen der Flugreise oder der Blutwurst, vielmehr wegen der Umweltbilanz von Avocados – die ist nicht gerade toll.

Ob er im Hinblick auf die Kritik an seiner Arbeit und seinem Leben – und letztendlich auch an seiner Person – ebenso schmerzbefreit ist, möchte ich daher gleich am Anfang wissen. »Das belustigt mich eher. Wenn man in Deutschland etwas nicht tausendprozentig korrekt, sauber und clean macht, ist man ja sofort schlachtreif. Ich werde deshalb geprügelt, seit ich diese Dokus mache. Ich kann die Dokus aber nicht drehen, ohne zu fliegen. Ich kann meinen Beruf nicht ausüben, ohne zu fliegen.«

Er spricht leise, aber klar und beugt sich beim Reden ein wenig über den Tisch. »Dieses Anpissen ist eine deutsche Volkskrankheit. Immer rumnörgeln, immer rummeckern. Wir sind das einzige Land auf der Welt, in dem das Wort ›Gutmensch‹ ein Schimpfwort ist. Man regt sich nicht über Schlechtmenschen auf, sondern über die Gutmenschen. Aber so ist die deutsche Seele und sie ist nun einmal schwer zu erheitern. Das nervt, aber ich beschäftige mich möglichst nicht damit, weil ich echt Besseres zu tun habe.«

WIR SIND DAS EINZIGE LAND AUF DER WELT, IN DEM DAS WORT »GUTMENSCH« EIN SCHIMPFWORT IST. MAN REGT SICH NICHT ÜBER SCHLECHTMENSCHEN AUF, SONDERN ÜBER DIE GUTMENSCHEN.
Hannes Jaenicke

Ein Buch, dass er 2010 veröffentlichte, heißt »Wut allein reicht nicht: Wie wir die Erde vor uns schützen können«. Aber hält er sich selbst eigentlich für einen wütenden Menschen? Und wenn die Wut allein nicht reicht, was braucht es denn dann sonst noch?

Er muss für seine Antwort nicht lange überlegen. »Es gibt ja zwei Formen der Wut: die konstruktive und die destruktive. Wenn das Wort im konstruktiven Sinne benutzt wird, bin ich definitiv wütend«, sagt er. »Bei der destruktiven Wut zieht man los und haut die Läden auf der Champs-Élysées kurz und klein. Oder in Berlin, wie am 1. Mai. Damit habe ich absolut nichts am Hut. Oder aber man nimmt die Wut und macht etwas Produktives damit. Ich mache halt Dokus und Bücher. Es gibt einen Satz, den glaube ich Kurt Cobain mal gesagt hat. Er lautet ›Anger is a blessing‹ – Wut ist ein Segen. Viele der großen Bewegungen auf dieser Welt – ob bei Gandhi der Protest gegen die Behandlung der Inder durch die Briten, ob bei Mandela die Auflehnung gegen das Apartheitssystem – sind zunächst einmal aus Wut entstanden. Martin Luther King war wütend über die Art und Weise, wie Schwarze benachteiligt und unterdrückt wurden. Ich glaube, dass Wut, richtig eingesetzt, ein sehr konstruktiver Impuls sein kann.«

Wenn ich mich in diesem Land so umschaue, dann sehe ich ebenfalls viel Wut und Frustration. Und die sind längst nicht immer positiv.

Pegida-Demos im Osten, verstörende Aufmärsche und besorgniserregende Wahlergebnisse, hetzende, ja drohende Postings in den sozialen Medien und Leserkommentare jenseits von Gut und Böse unter den Artikeln der Onlinenachrichten. Und die Medien leisten ihren Beitrag: reißerische Überschriften, schlecht recherchierte Storys und Talkrunden, von denen längst niemand mehr eine konstruktive Diskussion erwartet. Geht es nur noch um Auflage, Quote und Unterhaltung? Um den nächsten hochgejazzten Skandal, über den zwei Tage später niemand mehr spricht? Verfehlen die Medien nicht ihren Auftrag, unabhängig, sauber und neutral zu berichten? Was sagt Jaenicke, der die Branche seit 35 Jahren kennt, dazu?

WAS DA SO ALLES BEI DEN PRIVATEN SO DURCHFLIMMERT, IST WERBEFINANZIERTE GEHIRNAMPUTATION.
Hannes Jaenicke

»Die Medien sind ebenso unterschiedlich wie Sie oder ich. Es gibt einen großartigen Satz über meine Branche. Er lautet: ›Fernsehen macht Kluge klüger und Dumme dümmer.‹« Das ist so wahr. Wenn man danach sucht, findet man fantastisches Fernsehen. Und nicht nur bei ARTE. Ich finde, dass ARD und ZDF einen großartigen Job machen mit Formaten wie 37°, Frontal 21, Panorama, der heute-show oder Monitor.«

Der Schauspieler stützt die verschränkten Arme auf den Tisch. Er redet schnell, so als müsse alles rasch raus, damit in seinem Kopf wieder Platz ist für die wichtigen Dinge. »Und es gibt natürlich fürchterliches Fernsehen. Da müssen wir gar nicht drüber reden. Was da so alles bei manchen Privaten durchflimmert, das ist werbefinanzierte Gehirnamputation. Im Printbereich ist es genauso. Ich finde auch, dass sich der deutsche Blätterwald echt verschlechtert hat, da sind die Engländer und die Amerikaner uns weit voraus. Wenn ich wirklich seriöse Zeitungen lesen will, dann muss ich mir den Guardian holen oder die New York Times und die Washington Post.«

Noch mal zurück zur Kraft der Wut. Mit der »Fridays for Future«-Bewegung drängen seit Jahresbeginn verstärkt die ganz jungen Menschen

auf die Straße. Kinder und Jugendliche wollen sich mit der langsamen Klimapolitik der Bundesregierung nicht abfinden und fordern schnelle, radikale Maßnahmen, um die rasante Erderwärmung zu stoppen.

Für den 59-jährigen Medienprofi ist das ein wichtiges Aufbäumen der jungen Generation gegen eine alte Politik: »Das macht mir momentan sehr viel Hoffnung, dass offensichtlich 16-Jährige die Dramatik des Klimaproblems besser begreifen als Politiker und Industrielle. Und wenn ein Christian Lindner dann daherkommt und sagt, dass man das bitte den Profis überlassen sollte, dann muss ich sagen: Der letzte Profi, dem ich in der Bundesrepublik jemals etwas überlassen würde, wäre Christian Lindner. Ich weiß auch gar nicht, von wem er da spricht. Er ignoriert doch die Profis. Er ignoriert einen Hans Joachim Schellnhuber, den ehemaligen Direktor des renommierten Potsdam-Instituts für Klimafolgenforschung.

Der hat als einer der Ersten nachhaltige Lösungen gefordert. Er ignoriert Stefan Rahmstorf, den weltweit führenden Ozeanografen, der haargenau die Auswirkungen des Klimas auf die Weltmeere beschreibt. Diese Leute, die tatsächlich seit zwanzig Jahren sagen, dass sich die Politik radikal verändern muss, die werden nicht gehört. Also, diese Idiotie der Politik macht mich echt wütend.«

WENN MAN DIE ZULASSUNG FÜR GLYPHOSAT UM FÜNF JAHRE VERLÄNGERT, DANN ARBEITET MAN GEGEN DAS WOHL DES DEUTSCHEN VOLKES.
Hannes Jaenicke

Seine Frustration ist deutlich, echt und nachvollziehbar. Aber auch die Industrie und nicht zuletzt den einzelnen Endverbraucher nimmt der Schauspieler in die Verantwortung. Alles allein an den Politikern festzumachen ist ihm zu einfach und zu kurz gedacht. Das gefällt mir, denn mit dieser Haltung rennt er bei mir offene Türen ein. Ich denke, dass der aktuelle Ruf nach gesetzlichen Regelungen zu allen möglichen Problemen, vom Lebensmittelverschwendungsgesetz, Plastikverbot und Tempolimit, aber auch das Schüren der Angst vor den Kosten eines gesellschaftlichen Paradigmenwechsels auch deshalb so laut ist, weil der Einzelne sich dann besser aus seiner persönlichen Verantwortung schummeln kann. Für mich fängt Klimaschutz immer auch im eigenen Kühlschrank an. Also bei jeder und jedem von uns. Wir sollten endlich die Ursachen angehen und nicht immer nur die Folgen thematisieren. Und das gilt nicht nur für Umweltthemen.

»Ich glaube nicht, dass die Politik alles lösen kann und muss. Es ist ein Dreisatz: Die Politik muss etwas bewegen, die Industrie muss etwas bewegen und der Endverbraucher muss etwas bewegen«, sagt Jaenicke. »Es gibt natürlich Politiker wie Herrn Seehofer, wie Herrn Scheuer oder wie Frau Klöckner, die meines Erachtens einen krassen Meineid geleistet haben, als sie ihren Job antraten. Denn sie sollen eigentlich zum Wohle des deutschen Volkes arbeiten. Aber wenn man die Zulassung für Glyphosat um fünf Jahre verlängert, dann arbeitet man gegen das Wohl des deutschen Volkes. Also ich glaube, es gibt einzelne Politiker, die total versagen, und es gibt andere, die wirklich etwas bewegen wollen. Ich kann das nur als Zeitungsleser und Fernsehzuschauer beurteilen, aber ich denke, dass manche Politikerinnen und Politiker wirklich etwas positiv verändern wollen. Eine Frau Giffey will das. Und ein Herr Maas. Eine Frau Barley. Inzwischen selbst ein Herr Söder.«

Ich mag diese laute Art irgendwie – die Art, wie er seinen Ärger in diese kurzen Sätze packt. Keine nebulösen Formulierungen, bei denen man zwischen den Zeilen eventuell herauslesen kann, um wen es gehen könnte. Nein, Jaenicke adressiert seine Wut direkt. Auch, wenn es um die Industrie geht: »Wir haben Unternehmen wie DM, die tatsächlich gute Dinge anstoßen. Auch Migros in der Schweiz oder Weleda. Und die sind ja nicht erfolglos, im Gegenteil. Und wir haben Konzerne wie Nestlé, die gar nichts bewegen wollen außer Geld. Coca Cola, Procter & Gamble, Henkel und wie sie alle heißen. Da geht es nicht darum, Plastik zu vermeiden oder intelligente Konsumgüter auf den Markt zu bringen. Da geht es nur um Rendite.«

Und dann sind die Verbraucherinnen an der Reihe: »Da ist es das Gleiche. Es gibt Menschen, denen ist der Umweltschutz scheißegal. Oder sie finden Umweltschutz theoretisch gut, fahren aber mit riesigen SUVs durch die Gegend, Range Rover, Porsche Cayenne und Q7 und G-Klassen und ich weiß nicht, was es da noch alles gibt seit ein paar Jahren. Wozu eigentlich? Wirklich durchs Gelände fährt doch damit keiner. Und dann gibt es Menschen, die tatsächlich etwas besser machen wollen und mit dem Fahrrad fahren, auch wenn es unbequemer ist. Oder die öffentlichen Verkehrsmittel nutzen. Es gibt viele, die immer noch T-Shirts für drei Euro kaufen, obwohl doch inzwischen so ziemlich jeder genau weiß, dass das nicht unter sauberen sozialen und umwelttechnischen Bedingungen produziert werden kann. Da muss Kinderarbeit im Spiel sein. Trotzdem reicht dieses Wissen nicht, um persönliche Konsequenzen zu ziehen. Andere haben umgedacht und kaufen weniger Kleidung, aber dafür aus nachhaltiger Herstellung. Ich glaube, in allen drei großen Gruppierungen gibt es

Menschen, die vordenken, nachdenken und dementsprechend handeln. Und es gibt die, die weder vor- noch nachdenken.«

WENN MAN ALS VERBRAUCHER SEINEN GELDBEUTEL ALS WAFFE VERSTEHT UND BEGREIFT, DASS JEDER KASSENBON EIN WAHLZETTEL IST, KANN MAN DURCHAUS ETWAS BEWIRKEN.

Hannes Jaenicke

Jaenicke hat viele Tipps auf Lager. Dabei wird klar: Es ist eigentlich nicht so schwierig und läuft immer auf einen bewussteren Konsum hinaus. Keine Billigtextilien kaufen, keine übermotorisierten Autos anschaffen, unnötig weit transportiert und verpackte Lebensmittel meiden. Stattdessen Alternativen suchen und an die Macht des Konsumenten glauben. »Wenn man als Verbraucher seinen Geldbeutel als Waffe versteht und begreift, dass jeder Kassenbon ein Wahlzettel ist, dann kann man durchaus etwas bewirken«, fasst er knackig zusammen. Wenn man es sich leisten kann, denke ich und sehe viele Tafel-Kundinnen vor meinem inneren Auge.

Mir scheint es so, als neigen wir vermehrt dazu, bedrohliche Probleme einfach auszublenden, nicht sehen zu wollen oder nicht ernst zu nehmen. Da gibt es dieses immense Artensterben – insbesondere bei den Insekten –, aber es ist in der breiten Öffentlichkeit kaum ein großes Thema. Jedes fünfte Kind in Deutschland lebt dauerhaft in einer Armutssituation, oft bildungsfern und perspektivlos – aber es fehlt der Aufschrei in der Bevölkerung. Es gibt die Bürgermeister, die aufgrund ihrer vorbildlichen Haltung sogar mit dem Tode bedroht werden (und wir reagieren vermutlich erst, wenn etwas passiert), und die, die mir nahelegten, eine Tafel-Ausgabestelle bitte im Industriegebiet und nicht mitten in der Stadt zu eröffnen. Wegen der Touristen und der Außenwirkung. Und ohne Greta Thunberg und die »Fridays for Future«-Demos würden wir auch heute noch nicht so ernsthaft über das Klima sprechen. Manchmal denke ich, dass wir Meister des Verdrängens sind.

DIE FORMEL 1 VERBALLERT MILLIARDEN, INDEM SIE EINEN ZIRKUS RUND UM DEN GLOBUS SCHICKT. STECKT DOCH DAS GANZE GELD MAL IN DIE BILDUNG!

Hannes Jaenicke

Jaenicke stimmt mir zu, will aber nicht allzu sehr pauschalisieren. Er sieht auch positive Entwicklungen und glaubt, dass einzelne Personen viel erreichen können: »Ich kenne so viele engagierte Menschen. Nehmen Sie Felix Finkbeiner, den Gründer der Kinder- und Jugendinitiative Plant-for-the-Planet. Ein Junge, der im Alter von neun Jahren angefangen hat, Bäume zu pflanzen. Die Initiative hat inzwischen weltweit 60 Milliarden Bäume gepflanzt. Und es gibt viele andere irre tolle Initiativen und Organisationen. Was die Aktionsgemeinschaft Artenschutz macht, was der BUND macht, was die Christoffel Blindenmission macht. Die retten pro Jahr 300.000 Menschen das Augenlicht. Mit einer winzigen OP, die pro Nase 60 oder 70 Euro kostet. Und das sind deutsche Organisationen – wir können also auch anders.«

Bildung, ist Jaenicke überzeugt, ist der Schlüssel für einen nachhaltigeren Umgang mit den Ressourcen dieses Planeten. »Wir investieren in so viel Mist und viel zu wenig in die Bildung. Es werden Milliarden verballert, um neue Ölquellen zu erschließen, es werden Milliarden verballert, um andere Planeten zu bereisen, die Formel 1 verballert Milliarden, indem sie einen Zirkus rund um den Globus schickt. Steckt doch das ganze Geld lieber mal in die Bildung! Die gilt ja immer als ›Soft Investment‹, dabei ist es das beste Investment, das es gibt!«

Das gilt besonders für Entwicklungs- und Schwellenländer, bei denen viele Jaenickes Beobachtungen nach bei allen Problemen auf einem guten Weg sind: »Da gibt es inzwischen einige Länder, in denen es großartige Entwicklungen gibt und die bombastisch funktionieren. Fahren Sie mal nach Ruanda oder nach Costa Rica.«

Zum Abschluss möchte ich von ihm wissen, was ihm Hoffnung macht. Seine Antwort erstaunt mich ein wenig, denn er spricht vom Rhein. Und von seiner Kindheit: »Ich habe lange am Rhein gelebt und durfte damals noch nicht einmal den Fuß ins Wasser halten. Geschweige denn meine Hand. Da hat unsere Mutter uns echt eine geklatscht, weil das Wasser das reine Gift war. Da konnte man ja Filme drin entwickeln. Jetzt kann man im Rhein wieder baden und in anderen Flüssen genauso. So etwas macht mir

Hoffnung. Die Natur hat eine riesige Regenerationsfähigkeit, wenn man sie lässt. Da ist echt noch einiges zu retten.«

Aber auch den Glauben an Gesellschaft und Politik hat er noch nicht aufgegeben: »Der Zulauf bei den GRÜNEN, der macht mir echt Hoffnung. Ich bin ja auch Mitglied dieser Partei. Und wir sind jetzt in manchen Bundesländern bei über 20 Prozent. Das macht Mut. Das sind offensichtlich eine Menge Menschen, die verstanden haben, dass sich etwas ändern muss. Und dazu dann noch die ganzen Jugendlichen, die da jetzt Alarm machen. Das macht mir richtig gute Laune.«

Wir verabschieden uns, und ich mache mich wieder auf den Weg zum Bahnhof. Der Schauspieler hat mich beeindruckt. Harte Worte hat er benutzt, aber nicht undifferenziert und einseitig. Er rüttelt an allem: Politik, Industrie, Gesellschaft. Er rüttelt kräftig, verirrt sich dabei aber nicht in dogmatischen Scheindebatten. Man muss das nicht alles gut finden. Aber durch seine Bekanntheit kann er vieles bewegen und das tut er auch. Seine Devise: Einfach machen! Ganz pragmatisch. Lieber kleine Dinge tun, als vor den großen Dingen zu erstarren.

Das wiederum macht mir Hoffnung, dass es nicht zu spät ist, auch das große Ruder beizeiten herumzuwerfen.

MACHBAR:

Den Krummen eine Chance

Egal ob Möhren, Gurken oder Kartoffeln – ist es nicht seltsam, dass man im Supermarkt immer nur perfekt geformtes Obst und Gemüse vorfindet? Gerade und gleichmäßig gewachsen, keine schadhaften Stellen, nicht zu klein, nicht zu groß. Perfekt eben. So kommt das Gemüse aber nicht vom Acker, denn die Natur hat es nicht so mit Makellosigkeit. Doch die Kleinen und Krummen werden aussortiert und finden gar nicht den Weg in den normalen Handel! Inzwischen gibt es immer mehr Händler und Initiativen, die solche »unperfekten« Produkte vor dem Müll retten. Einer dieser Anbieter ist zum Beispiel https://etepetete-bio.de

»LIEBE IST STÄRKER ALS ANGST ODER GRENZEN«

CHRISTINA BRUDERECK

Heute bin ich noch einmal in meiner Wahlheimat Essen unterwegs. Genauer gesagt: in Rüttenscheid. Der Stadtteil ist beliebt mit seinen gepflegten Altbauwohnungen, es gibt Yogastudios und Bioläden an jeder Ecke, und auf der Rüttenscheider Straße, kurz Rü genannt, die sich quer durch den Stadtteil zieht, habe ich manchmal das Gefühl, dass sich Essen als Düsseldorf verkleidet. Porsches stehen auf den Parkplätzen und andere teure Autos. Kein Vergleich zum Essener Norden mit Stadtteilen wie Karnap, Altenessen oder Katernberg. Auf der Landkarte mögen nur wenige Kilometer Luftlinie zwischen diesen Vierteln liegen, im echten Leben sind es verschiedene Welten. Zusätzlich getrennt durch die A 40, den Ruhrschnellweg mit einem der höchsten Verkehrsaufkommen in Deutschland. Deswegen sagt hier auch niemand Ruhrschnellweg, sondern Ruhrschleichweg.

In Rüttenscheid drehe ich erst einmal ein paar Runden durchs Viertel. Nach zwanzig Minuten habe ich endlich einen Parkplatz in relativer Nähe zum heutigen Treffpunkt gefunden. Es ist eine alte Stadtvilla mit großem Garten. Die alten Magnolien sind schon fast verblüht. Es fühlt sich für mich ein wenig nach Heimat an. In dem Gebäude lebt die evangelische Theologin und Autorin Christina Brudereck gemeinsam mit anderen Menschen, die das Leben miteinander teilen – örtlich, menschlich und auch spirituell. Kirubai heißt diese Gemeinschaft aus Erwachsenen und Kindern. Ich kenne Christina Brudereck schon lange und schätze sowohl ihre Texte als auch ihre oft sehr pointierten theologischen Standpunkte, die ich als sehr bereichernd empfinde.

Mit ihr möchte ich mich heute über das christliche Abendland unterhalten, über Gutmenschen, Religionen und die Kraft der Naivität. Wir nehmen im Wohn-Esszimmer Platz; durch die riesengroßen Fenster kann man in den Garten sehen. An der Wand ein Triptychon, das die Autorin selbst gemalt hat. Bei der Verteilung der Kreativität ist es bei manchen Menschen mit dem lieben Gott offensichtlich durchgegangen. Gemeinsam mit ihrem Mann Ben Seipel bildet Christina Brudereck nämlich auch noch das Duo »2Flügel«. Poetische Texte, die mit der Musik von Seipel zu einem nie ganz zu fassenden Erlebnis zwischen Konzert und Lesung werden.

Ich lehne mich auf dem gemütlichen Sofa zurück. Als Erstes suche ich Klärung von der Theologin. Der Begriff des »christlichen Abendlandes« geistert schon lange durch die Medienlandschaft. Allerdings meist mit einer eher negativen Konnotation. Für viele Menschen bedeutet das »christliche Abendland« anscheinend vor allen Dingen die Abgrenzung vom Morgenland. Eine Abschottung. Ganz anders, als ich den Begriff verinnerlicht habe. Was ist denn nun richtig und auf welche Werte berufen wir uns eigentlich, wenn wir vom christlichen Abendland reden?

EHRLICH GESAGT FINDE ICH ES FRAGWÜRDIG, WENN MAN »CHRISTLICHES ABENDLAND« SAGT UND »GEGEN MUSLIME« MEINT.
Christina Brudereck

Die 49-Jährige muss nicht lange überlegen. Sie hat einen klaren Standpunkt: »Es ist so schade, dass ein Wort, das einmal etwas Gutes beschrieben hat, auf einmal so ein Kampfbegriff wird. Ja, wenn heute nach dem ›christlichen Abendland‹ gefragt wird oder nach der ›jüdisch-christlichen Tradition‹, kann das abgrenzend, ausgrenzend gemeint sein. Auch schnell islamfeindlich. Aber es gibt diese Frage auch in einem guten Sinn. Woher eigentlich bekommt diese Welt ihre großen Ideen?« Man merkt, dass sie diesen Gedanken schon länger mit sich rumträgt. »Was soll unser Zusammenleben halten? Was verleiht Europa eine Seele? Da sag ich immer: Woher nehmen, wenn nicht lesen? Wenn man nämlich mal guckt, was die Wurzel der ›christlich-jüdischen Tradition‹ ist, landet man bei der Bibel. Und ihr Herz ist die Liebe. Die sich zeigt im Schutz der Fremden, in Frieden, Mitmenschlichkeit und Gastfreundschaft.«

Ich spiele den Advokaten der »anderen Seite« und führe eine Aussage an, die sich inzwischen in weiten Teilen der Bevölkerung verfestigt hat. Nämlich, dass Religionen, egal welche, der Ursprung allen Übels seien, der Treibstoff für Kriege und Verfolgung, für Kreuzzüge und Dschihad, für Unterdrückung, Morde, Folter und Machtmissbrauch. Ohne Religionen ginge es uns wahrscheinlich besser, so die Meinung vieler Menschen.

Wieder antwortet Brudereck schnell und treffsicher: »Können wir uns darauf einigen, dass der Mensch ziemlich viel Böses tut?«, fragt sie rhetorisch. »Ja, wie sagte schon Gregor Gysi: Religion kann das Allerschlimmste aus dem Menschen hervorholen. Sie kann aber eben auch das Allerbeste hervorlocken. Die gute Seite der Religion erzählt von Menschenwürde. Von Gleichwürdigkeit. Vom Teilen. Davon, dass das Leben heilig ist. Und jeder Mensch als Geschöpf Gottes gewollt und wertvoll ist – und zwar jede und jeder Einzelne, unabhängig davon, was eine Person geleistet hat, egal, ob reich oder arm, ob krank, gesund oder behindert, ob man unserer Gesellschaft gerecht wird oder scheitert, ob man auf die Tafel angewiesen ist oder großzügig geben kann. «

DIE ALTERNATIVE ZU EINER SCHLECHTEN RELIGION IST NICHT GAR KEINE RELIGION, SONDERN GUTE RELIGION.
Christina Brudereck

Ich mag ihre Art, auch in alltäglichen Gesprächen immer diesen literarischen Rhythmus in der Sprache zu haben. Mit vielen kleinen Synkopen bringt sie ihren Standpunkt an den Mann oder die Frau. Und unter die Haut. Sie fährt fort: »Wir wissen ja alle, dass Religion zu den Kreuzzügen geführt hat und zu Hexenverbrennungen. Sie führt auch immer noch zu Ausgrenzungen. Aber die Alternative zu einer schlechten Religion ist nicht gar keine Religion, sondern eine bessere Religion. Gute Religion.«

Das klingt mir ein wenig zu sehr nach naivem Gutmenschentum: Liebe, Gastfreundschaft und unantastbare Menschenwürde. Ob das jemanden überzeugen kann, der im Osten in einer Kleinstadt sitzt und sich abgehängt fühlt? Der denkt, dass andere alles in den Hintern gesteckt bekommen, während er die Miete nicht zahlen und sich sonst kaum etwas leisten kann? Ich hake noch mal etwas provozierend nach.

»Das mag naiv klingen, aber ich freue mich ehrlich gesagt über Leute, die so einfache und scheinbar naive menschliche Regungen noch haben und leben«, sagt sie wieder erstaunlich schnell. »Diese erste Reaktion, zu einem Menschen in Not zu sagen: ›Du bist willkommen! Ich helfe dir‹, mag naiv sein und alle Folgeprobleme erst mal ausblenden, aber es ist eigentlich die zutiefst menschlichste Reaktion. Da bin ich gern naiv. Ohne diese Mitmenschlichkeit sähe die Welt doch noch viel schlimmer aus, hm?«

Christina Brudereck ist sicherlich nicht naiv. Wer in Essen lebt, kennt natürlich auch die andere Seite. Sie spricht von Realpolitik, von Plänen, die gemacht werden müssen, von Werten, die es zu teilen gilt, und auch von ihren Ansprüchen an die Fremden, die ins Land kommen. »Ich erwarte zum Beispiel, dass jemand die Sprache lernt. Dass sich jemand in diese Gesellschaft einbringt. Und dass er unsere Verfassung achtet, sodass wir miteinander leben können.«

Dass das nicht einfach ist, wissen wir alle. Die Situation zu Silvester 2015 rund um den Kölner Hauptbahnhof, wo Frauen sexuell belästigt und genötigt wurden, ist ein Beispiel. Menschen, die traumatisiert von Flucht und Krieg, in diesem Land, in dem sie Schutz suchen, angegriffen werden, sind ein anderes. Was ist da falsch gelaufen? Passen bestimmte Kulturen eben einfach nicht zusammen? Oder woran fehlt es?

Die Theologin bezeichnet sich selbst als Feministin und ist eine große Kämpferin für die Gleichberechtigung von Mann und Frau. Und dann sind da auf einmal Menschen in unserem Land, die nicht mal den Gedanken an Gleichberechtigung kennen. Was können wir da tun? Wir bemerken ja bereits in unserem eigenen Land große kulturelle Unterschiede. Was braucht dieses Land also?

Der Grundsatz, dass sich schlechte Nachrichten besser verkaufen als gute, gilt natürlich auch hier. »Über die, die sich integrieren, wird nicht viel berichtet. Die, die Freundschaften aufgebaut, sich weiterentwickelt, sich eingefügt haben. Das wird nicht erzählt, weil es anscheinend irgendwie langweilig ist. Interessanter ist es, wenn es Krawall gibt. Und das ist natürlich gefährlich«, sagt sie.

Da hat sie recht, nicht nur, was die Flüchtlingsthematik angeht. Wenn ich mit Tafel-Kunden und -mitarbeitern rede, geht es oft um unterschiedlichste Sorgen. Viele sagen, dass alles irgendwie immer schlimmer wird. Wir bauen in Deutschland einen Flughafen und der wird nicht fertig. Wenn man mit den öffentlichen Verkehrsmitteln fährt, hat man stets die Befürchtung, nicht rechtzeitig oder überhaupt nicht anzukommen. Die Brücken sind kaputt, die Renten zu niedrig, die Chancen auf sozialen Aufstieg gering. Und auch die Ehrenamtlichen sind frustriert und abgekämpft. Sie fühlen sich alleingelassen, haben keine Kraft mehr und wissen nicht, wie es weitergehen soll. Während die einen sagten: »Wir schaffen das«, mussten sie in vielen Situationen einfach machen – oft alternativlos, oft überfordert und in manchem Fall dann auch noch vorschnell kritisiert.

Ich frage Christina Brudereck, was man dieser Tendenz zum Schwarzsehen entgegensetzen kann. Sie blickt auf die Terrasse mit leeren Bier- und Bionadekisten, auf dem Rasen liegt ein Spielzeugbagger. Stillleben einer lebendigen Gemeinschaft.

ZU EINEM MENSCHEN IN NOT ZU SAGEN: »DU BIST WILLKOMMEN! ICH HELFE DIR«, MAG NAIV SEIN, ABER ES IST DIE ZUTIEFST MENSCHLICHSTE REAKTION.
Christina Brudereck

»Ich kann das verstehen; ich bin auch manchmal total müde und extrem frustriert. Weil alles so lange dauert. Es ist anstrengend, sich in die Demokratie einzubringen. Aber ich weiß trotzdem keinen besseren Weg. Aufzugeben ist für mich keine Alternative. Pause machen ist aber mal erlaubt. Dass die Engagierten aufeinander achten ist wichtig. Räume zu finden, in denen man sich entspannen kann, ist wichtig. Mal wieder gründlich ausschlafen auch. Wir dürfen uns nicht überfordern. Auch wenn die Arbeit nie endet, weil ja immer noch irgendwas getan werden muss. Dem Gefühl, dass alles immer schlechter wird, kann man durchaus auch ›alternative

Fakten‹ entgegensetzen. Es gibt Studien, die zeigen, dass es der Welt noch nie so gut ging wie jetzt gerade. Wir leben in den friedlichsten Zeiten, die wir jemals hatten. Die allerallerschlimmste Armut geht zurück. Die Freiheit der Frauen weltweit wird größer. Was nicht heißt, dass der Einzelfall nicht ganz furchtbar sein kann. Oder dass es keinen Sexismus mehr gäbe. Aber als Frauen ging es uns weltweit noch nie so gut wie heute. Wir hatten noch nie so viele Rechte und so viel Gleichberechtigung und so viele gleiche Chancen. Diese Meldungen schaffen es selten in die Nachrichten, weil sie eben kein Aufreger sind. Aber sie sind trotzdem wahr.«

Wahr ist auch die Geschichte, die sie von Mohammed erzählt. »Ein junger Mann aus Syrien. Studierter Apotheker. Er fand schnell Arbeit. Aber nur im Hinterraum, man ließ ihn nicht an die Ladentheke. Dann reichte es ihm. Mit seinem Zeugnis in der Hand lief er die Rü entlang und landete in einer Apotheke, wo der Chef gerade Feierabend machen wollte. Er sah sich Mohammed an und seine Zeugnisse, und am nächsten Montag hatte der eine neue Arbeitsstelle. Ich gebe zu: Als ich ihn das erste Mal in seinem weißen Kittel mit Namensschild dort sah, war ich schon sehr gerührt. Solche Geschichten sind es, die bei dem Balanceakt zwischen Naivität und Schwierigkeiten Hoffnung machen.«

Ja, ich gebe ihr recht, auch wenn diese Geschichte natürlich nur einen Teil der Wahrheit beschreibt und nicht überall den Alltag widerspiegelt – aber es gibt diese oft kleinen Momente, die eben auch passieren und die wir bei allem Kritisieren schnell übersehen. Diese Ambivalenz zieht sich auch durch beinahe alle Gespräche dieses Buches. Ich möchte von Brudereck wissen, wie sie mit Rückschlägen und unüberwindlichen Hindernissen umgeht und woraus sie eigentlich ihre scheinbar unerschöpfliche Hoffnung zieht.

»Auch da gilt ja: Es gibt keine Alternative. Wir müssen trotzdem weitermachen. Das Leben ist nun mal nicht schwarz und weiß, und Menschen sind es auch nicht. Auch jemand, der in Ostdeutschland auf eine Demo geht und irgendeine Parole schreit, ist nicht einfach nur ein Arschloch. Es gibt die frustrierenden Geschichten und es gibt die guten Geschichten.

Da ist eben nicht nur die Silvesternacht in Köln. Es ist auch Mohammed auf der Rü. Weder das eine zu verschweigen noch das andere, das ist unsere Aufgabe.«

Und was ist mit der Hoffnung? »Die Hoffnung muss größer sein als das, was uns Angst macht, damit sie Bestand hat. Sie muss in der Liebe begründet sein, denn Liebe ist stärker als Angst. Liebe ist sogar stärker als der Tod. Das ist für mich das Herz des Christentums: Liebe ist stärker als Grenzen oder Nationen oder Leistungen. Sie ist das größte und heiligste aller Worte und Werte«, antwortet sie.

Ich will ihr das irgendwie glauben, weil sie es mit so tiefer Überzeugung sagt – auch wenn es mir in Anbetracht vieler anderer eigener Erfahrungen nicht leichtfällt und es mir ehrlicherweise ein wenig zu lyrisch-fromm daherkommt. Aber braucht es nicht gerade jetzt diese Mutmacherinnen – abseits aller Rumjammerei? Diese Hoffnungsträger, die uns auch immer wieder die guten Seiten dieser Welt und unserer Gesellschaft vor Augen führen, die uns an unsere christliche Geschichte erinnern, gerade damit wir nicht im Sumpf von Frustration, Selbstmitleid, Ausgrenzung, Hass und Drohungen versinken? Damit wir nicht mutlos werden und weiter oder neu bereit sind, uns zu engagieren und für diese offene und freiheitliche Demokratie einzustehen?

Sie nennt noch eine weitere Quelle für ihre Kraft und Hoffnung: die Gemeinschaft mit ihren Verbündeten. »Die gibt es weltweit. Ich habe verwandte Seelen in Südafrika. Ich habe Geistesbrüder in Indien. Herzensgeschwister in Deutschland, die aus ganz unterschiedlichen Welten kommen. Die wissenschaftlich arbeiten oder mit kranken Kindern oder als Therapeutinnen. Sich mit gleichgesinnten Seelenverwandten gegenseitig zu stärken und Räume für Ideale zu schaffen, das lässt mich hoffen. Das ist übrigens für mich auch der Sinn des Gottesdienstes – dass ich mich einmal in der Woche gemeinsam mit anderen, mit denen ich unterwegs bin, wieder einnorden lasse und die Kraft bekomme, um meine Ideale zu füttern. Um mein Herz zu füttern. Damit ich am Montag dann wieder den Mund aufmachen kann, um meine Geschichten zu erzählen.«

Was sie machen würde, wenn sie Bundeskanzlerin wäre, frage ich Christina Brudereck. Die lacht und weist jegliches Interesse an dieser beruflichen Veränderung von sich. »Ich habe wirklich Respekt vor der Lebensleistung der Kanzlerin. Ob man sie nun gewählt hat oder nicht. Aber um den Job beneide ich sie wirklich nicht. Wir dachten ja so vor zehn, zwanzig Jahren, die Leute seien unpolitisch. Sind sie aber gar nicht. Sie sind einfach richtig sauer auf ›die da oben‹! Und die da oben müssen das langsam als Weckruf begreifen.«

So leicht lasse ich mich nicht abspeisen und hake noch mal nach, was sie anders machen würde. Und meine Gesprächspartnerin wird etwas konkreter: »Langfristiger denken. Nicht nur für die kommenden vier Jahre oder für die Wiederwahl. Einen breiten Konsens suchen, über Parteien hinweg. Viele Leute vor Ort besuchen. Und immer beide Seiten einer Sache beleuchten. Aber noch mal: Mir ist klar, dass das nicht so einfach ist und dass man es wohl nie allen recht machen kann.«

IN INDIEN SAGT MAN: »WENN ICH EIN TROPFEN WÄRE, WÜRDE ICH IMMER DAHIN GEHEN, WO KEIN WASSER IST.«
Christina Brudereck

Sie will wissen, ob ich mit dem Gespräch zufrieden sei. Ich überlege kurz und denke auch an die letzten Wochen und Monate. »Bin ich«, antworte ich – gerade auch in Bezug auf all die verschiedenen Begegnungen in letzter Zeit. Mir ist noch mal neu bewusst geworden: Wir müssen wieder mehr reden, zuhören und uns gegenseitig ernst nehmen. Gutes teilen, aber auch Ängste wahrnehmen. Nicht nur Parolen schreien und den anderen die Schuld in die Schuhe schieben oder uns immer weiter vom Fremden abgrenzen. Mauern und Zäune – ob real oder in den Köpfen – stehen sinnbildlich für eine Form der inneren Sprachlosigkeit, die sich weigert, sich mit Ursachen zu befassen oder den Dingen wirklich auf den Grund zu gehen. Und gerade das wäre wichtig, um die gemeinsame Welt für alle zu bauen, auch für die, auf deren Kosten wir allzu oft leben.

Aber das Gespräch hat mich auch noch mal neu motiviert, bewusst all die wunderbaren, besonderen Menschen zu sehen, die bei den Tafeln helfen und Räume der Begegnung finden. Es ist eine großartige Bewegung, weil sie diese Begegnungsräume schafft und praktische Hilfe leistet. Auch, wenn ich ebenfalls sehe, dass es nur ein Tropfen auf dem heißen Stein ist. Doch auch das ist okay, denn es schützt davor, sich in irgendeiner Weise zufriedenzugeben, sich auf den Lorbeeren auszuruhen oder leise zu werden.

Christina Brudereck zitiert ein Sprichwort, das sie von ihren Reisen mitgebracht hat. »In Deutschland reden wir vom ›Tropfen auf den heißen Stein‹, in Indien sagt man: ›Wenn ich ein Tropfen wäre, würde ich immer dahin gehen, wo kein Wasser ist.‹ Es ist zwar nur ein Tropfen, aber was soll er sonst machen? Sein Lebenssinn ist es, dahin zu gehen, wo es Durst gibt. Er kann gar nicht anders.«

Ich denke an die vielen Ehrenamtlichen, die an ihrem Engagement leiden. Und die trotzdem am nächsten Tag wieder hingehen. »Also machen wir weiter!«, sagt Brudereck und begleitet mich zu Tür. Ein schönes Schlusswort.

Auf dem Weg zurück fahre ich auf der Rü an einigen Apotheken vorbei. Christina Brudereck hat mir mit der Geschichte vom geflüchteten Mohammed ein schönes Geschenk gemacht. Ich sehe die Straße jetzt mit anderen Augen. Die SUVs und schicken Sportwagen sind nur ein Teil der Geschichte. Hinter irgendeiner Apothekentür spielt sich ein anderer ab. Wie im wahren Leben.

PS: Nach unserem Gespräch erreichte mich noch ein Text von Christina Brudereck, der das Thema »Tafel« noch mal auf ihre ganz spezielle Art beleuchtet und so einen besonderen Schlusspunkt setzt.

Die Tafel, eine Art Segen

Wir alle sind Gäste
Von Geburt an
An einem Tisch, den wir nicht gedeckt haben
Und Sonne wie Wind
Liebe und Freundschaft
Musik und Brot
Sind Teil der Festtafel

Wir können mehr als beobachten
Wir sind beteiligt
Zu dieser Tischgemeinschaft gehören
Rituale und Erzählungen
Sie zeigen die Werte
Die eine Gemeinschaft tragen
Geben dem Zusammenleben eine Seele

Das Grundgesetz und Gebote
Weisungen, Errungenschaft in Texten
Sätze, Grundsätze
Die uns beweglich halten
Schützen – auch vor uns selbst
Hinsehen lassen, handeln und hoffen
Und die Widersprüche aushalten

Um der Person
die jeweils vor uns steht, gerecht zu werden
die uns fragt
»Wirst du freundlich sein zu mir?
Wirst du das Heilige in mir achten?
Auch wenn ich dir fremd bin.«

Wir sind Menschen
Und brauchen nicht nur Geld
Einen Mantel, einen Teller Suppe
Ein Telefon, ein Gebet
So verschieden wir sind
Wir haben alle ein Herz
Wir wollen dazugehören

Menschen sind Gäste
Sind unterwegs
Sehnen sich nach einem Zuhause
Hungern nach Gerechtigkeit
Hoffen auf Frieden
Wir alle sind Gäste
Sind Teil der großen Tafel

© *Christina Brudereck*

JOCHEN BRÜHL

Jochen Brühl ist verheiratet und lebt in Essen in einer Wohngemeinschaft mit mehreren Familien und Alleinstehenden. Der studierte Sozialarbeiter und Diakon war viele Jahre für verschiedene Organisationen tätig. 1999 zählte er zu den Gründern der Tafel Ludwigsburg. Derzeit ist er leitender Fundraiser für den CVJM Deutschland und ehrenamtlicher Vorsitzender der Tafel Deutschland e. V. sowie Mitglied im Vorstand der Europäischen Foodbank FEBA.

REINER PFISTERER

Der Ludwigsburger Fotograf Reiner Pfisterer startete seine Fotografenlaufbahn Anfang der 90er-Jahre vorwiegend als Musikfotograf. Im Lauf der Jahre arbeitete er für Künstler wie Metallica, Muse, Amy MacDonald und die Rolling Stones. Langzeitreportagen über das Stuttgarter Kammerorchester, die Brenz Band oder die TSG Hoffenheim sowie Buch– und Ausstellungsprojekte zu gesellschaftlichen und sozialen Themen sind weitere Schwerpunkte seiner Arbeit.

reinerpfisterer.de

Der Verlag weist ausdrücklich darauf hin, dass im Text enthaltene externe Links vom Verlag nur bis zum Zeitpunkt der Buchveröffentlichung eingesehen werden konnten. Auf spätere Veränderungen hat der Verlag keinerlei Einfluss. Eine Haftung des Verlags ist daher ausgeschlossen.

© 2019 der deutschen Ausgabe adeo Verlag
in der Gerth Medien GmbH, Dillerberg 1, 35614 Asslar

1. Auflage 2019
Bestell-Nr. 835237
ISBN 978-386334-237-1

Umschlaggestaltung und Layout: Agentur 3Kreativ, Essen
Umschlagfotos: Reiner Pfisterer, www.reinerpfisterer.de
Innenfotos: Reiner Pfisterer
Druck und Verarbeitung: Print Consult, München

Printed in Europe